松島お気に入りの酒粕

赤と紺って色使いが
レトロかわいい。

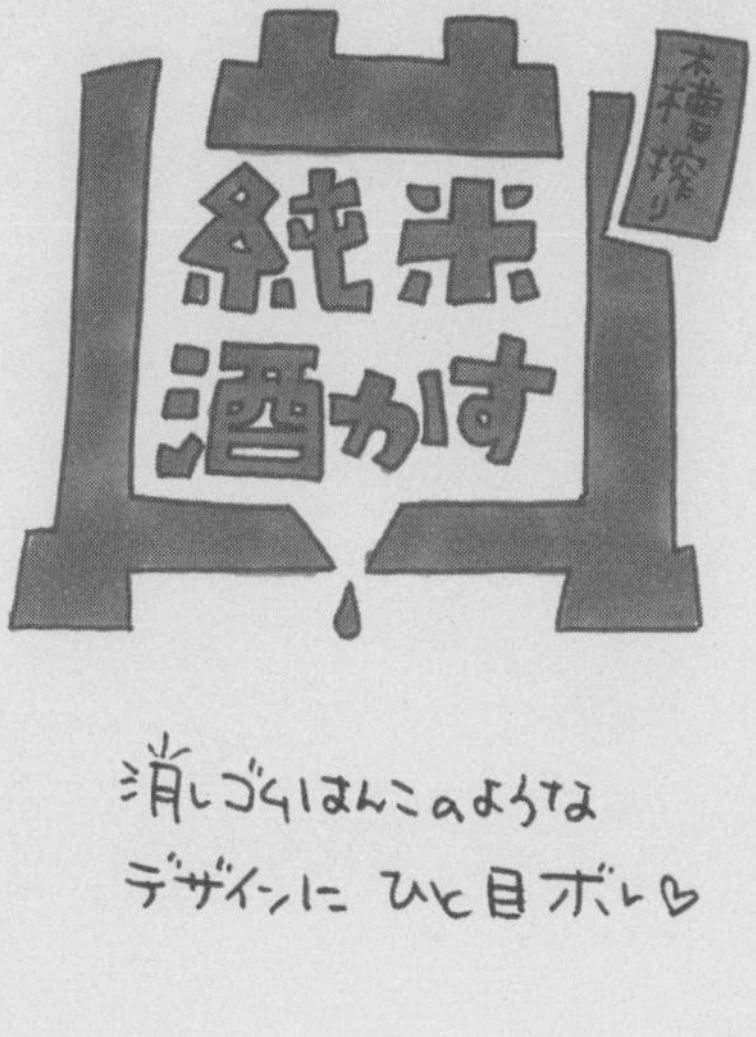

消しゴムはんこのような
デザインにひと目ボレ♡

白地に水色字で
涼しさが伝わってくる。

粕汁の本
はじめました

西日本出版社

はじめに

「冬といえば粕汁《かすじる》やんな！」

上京してすぐの頃、職場の同僚や東京で知り合った友人に話した際、みんなにポカーンとされた。「なに、それ？ 食べたコトない」と返ってきて、びっくりたまげたコトこの上ない。冬に粕汁を食べへん人なんかおるんか⁉ 東西のうどんの汁の色が違うコトよりも衝撃だった。

その後、全国を訪ね歩くうちに、どうやら、粕汁は京阪神《けいはんしん》を中心とする近畿圏に特に多い郷土料理だと、うすうす気づき始めた。そんな頃、はじめて、自分の家以外の粕汁に出会う。ひとり立ち呑み屋デビューで入った京都の老舗「たつみ」のメニューに粕汁があったのだ。粕汁をアテに呑みつつ、ふと気が付いた。「そういや、よその家や店の粕汁は食べたコトあらへんな〜」と。そして「この店にあるってコトは、冬の関西の立ち呑み屋では粕汁がメニューに出る店が多いんちゃうやろか？」

さぁ、気になってしまったからには仕方ない！

その時から、粕汁好きによる粕汁好きのための粕汁めぐりがはじまってしまった。全国各地、粕汁があると聞けば、ひょいひょいと出かける日々。現地に赴き、現地の粕汁をその旬に食べる。現地の人に粕汁の話を聞く。現地の図書館でも調べてみる。粕汁心のわくわくに導かれるままに。

そして、関西の冬のソウルフードであり、子どもの頃から愛し続け、そのすべてを知っていると思っていた粕汁は、実は謎多き料理だった。まさか、北前船《きたまえぶね》文化や昔の農家の冬の仕事である杜氏《とうじ》文化やら、天台宗の広がりの歴史やらにまで繋がるとは思っていなかった。恐るべし粕汁！

こんなおもろい粕汁の冒険を、私でひとり占めするやなんて、もったいない。めくるめく粕汁の世界を、関西の人たちは元より、全国の粕汁好き地域の人、そして、粕汁をまだ食べたことあらへんていう人らにも味わってもらいたい。

ほんなわけで、みなさん。ちょいと、私と一緒にあちこちのいろんな粕汁をよばれに行きましょ。

What's 粕汁?

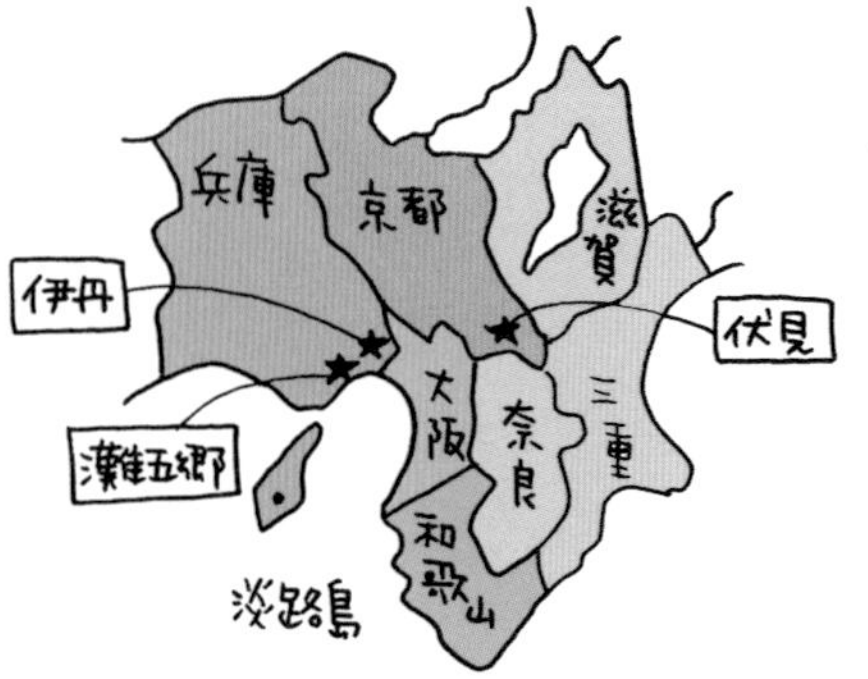

京阪神を中心とした近畿圏において、粕汁とは冬のソウルフードだ。毎年十一〜二月中旬頃、京阪神の呑み屋や食堂では「粕汁あります」「粕汁はじめました」という貼り紙が現れ、冬季限定メニューとして粕汁が登場する。「ああ、冬が来たなぁ」と感じる風物詩である。

京阪神は昔からの酒どころである京都の伏見《ふしみ》、兵庫の灘五《なだご》郷《ごう》、伊丹《いたみ》などが、人口の多い京の都や天下の台所・大阪に近く、酒蔵で不要になった酒粕《さけかす》が新鮮なまま手に入りやすい近さだったため、昔から他の地域よりも粕汁文化が色濃いのかもしれない。

ここで、京阪神の日本酒の歴史をチラリと見てみよう。

そもそも、酒造りの技術は、古墳時代に朝鮮半島からの渡来人である秦氏《はたうじ》によってもたらされた。当初、彼らが住み着いた場所は、京都の伏見《ふしみ》稲荷神社《いなりじんじゃ》や太秦《うずまさ》のあたりといわれている。平安時代に入ると、宮中に造酒司《みきのつかさ》という役所が置かれ、秦氏中心に宮中用に国で酒造りをするようになる。時代を経て、鎌倉時代になると、京都を中心に商業が栄えはじめ、街中で販売される商品として民間で酒が造られるように。そして、室町時代には京都の酒造りが盛り上がり、一四一五年には京都の造り酒屋の軒数は洛中洛外あわせて三百四十二軒もあったという記録があるほどだ。戦国時代に突入すると、兵庫・伊丹での酒造りがスタート。江戸時代前期には、「下《くだ》り酒《ざけ》」ブームで伊丹酒《いたみざけ》が人気を誇った。下り酒とは、上方から江戸に運んだ酒のこと。当時は、杉樽に入れた酒を馬の背に乗せ陸路で運んでいた。運送中に樽の杉の香りが酒につき、それが良いと人気だったのだとか。「イタミノサケ、ケサノミタイ」という回文が流行するほど。感動を回文にするなんて、なんて粋なのか。

※藤原道真の直径の子孫であり、公家で一番の格式を誇る家系。

ところが、江戸時代後期になると、「樽廻船《たるかいせん》」の登場で一気に灘酒《なださけ》の人気が上昇し、伊丹酒は灘酒に人気を奪われてしまう。灘の造り酒屋は沿岸部という土地の利便性を生かして、船に酒を積み込み、直接、江戸へ大量に運んだのだ。また、灘の辛口の酒が、江戸の醤油味の料理に合うと重宝されたのも、灘酒人気の理由だったそう。この頃、江戸で呑まれる酒の八割が上方の酒だったというから、すごい！

同時期、京都の伏見酒《ふしみざけ》にとっては、それはそれは不遇の時代だった。江戸で灘酒との競争に負けた伊丹酒が、伊丹領主だった近衛家《このえけ》※によって、江戸中期以降、京都の町での酒販売を独占したため、伏見の酒が京都の市中で売るコトができなくなり、地元でだけ消費されるという状況に。が、明治時代一八八九年の東海道線開通により、伏見酒がようやく返り咲く。それまで二～三週間かけて東京に運んでいたモノが、鉄道によってたった一日で運べるようになったのだ。当時の東海道線は、今の路線と少し違い、京都駅から南の方へ延び、現在のＪＲ稲荷《いなり》駅付近を通って、滋賀県の大津駅へと抜けるルートだったため、伏見の酒を積むにはもってこいの立地だった。

日本酒の黎明期《れいめいき》から現在に至るまで、時代ごとに流行廃

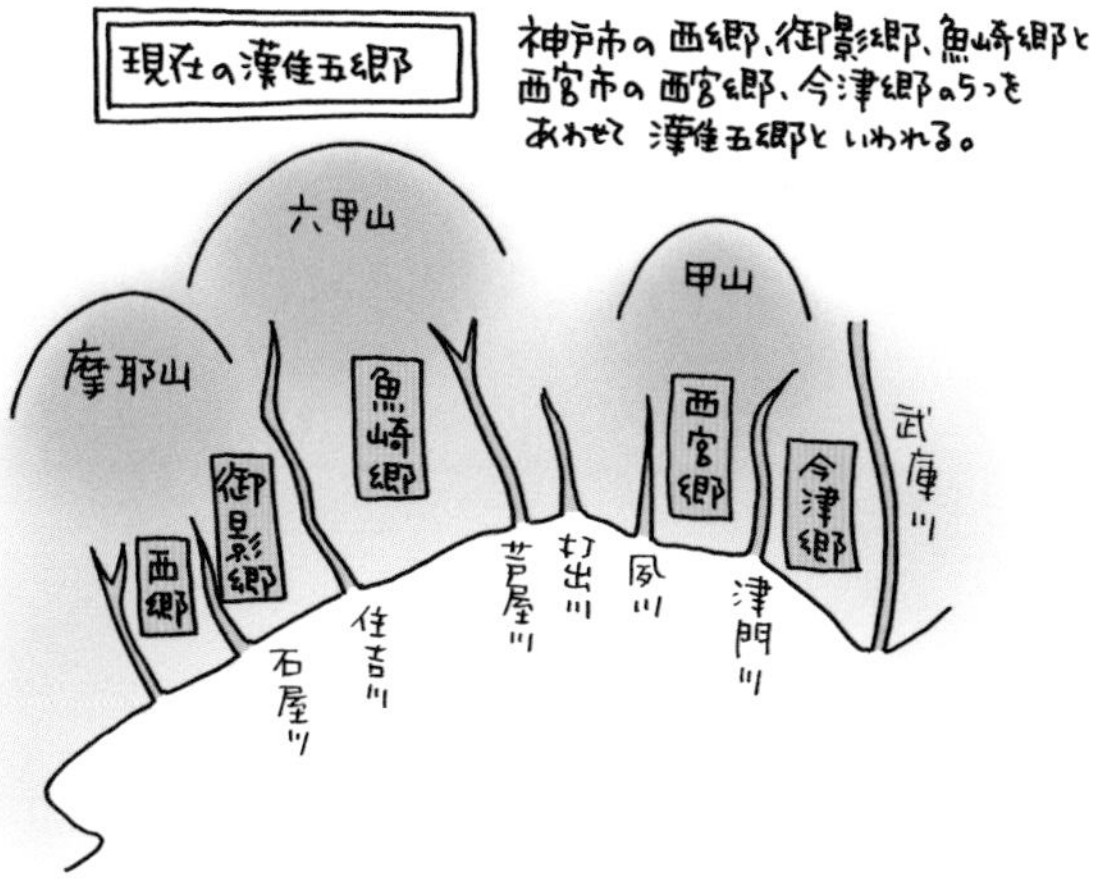

現在の灘五郷
神戸市の西郷、御影郷、魚崎郷と
西宮市の西宮郷、今津郷の5つを
あわせて灘五郷といわれる。
六甲山
甲山
摩耶山
魚崎郷
御影郷
西郷
西宮郷
今津郷
武庫川
住吉川
石屋川
芦屋川
打出川
夙川
津門川

りはあるものの、伏見・灘五郷・伊丹は常に京阪神の酒どころ。酒をたんまり造れば、その副産物である酒粕もたんまりできる。粕は粕でも、米と麹《こうじ》のしぼり粕なので、栄養たっぷり。捨てるだなんてもったいない。なんでも無駄なく活用していた昔こそ、必然と酒粕料理が生まれるのも不思議ではない。

日本酒においては、歴史がそれなりにハッキリしている。が、こと粕汁においては、その発祥ははっきりしない。「骨《ほね》正月《しょうがつ》」という行事がきっかけで生まれたらしいというコトが、数冊の本にチラッと書かれてある程度だ。

骨正月とは、今では廃れてしまった一月二十日に行われていた正月の行事である。昔は、各家庭で年末に正月用の大きな塩鮭や塩ブリを丸ごと一匹購入し、それを正月の間少しずつ食べるという年取り魚の風習があった。冷凍保存技術がなかった当時は、塩を利かすコトで長持ちさせたのである。一月二十日頃になると、魚の身は食べ尽くされ、頭と骨だけになる。昔の人は、それも決して無駄にしない。余った頭と骨で出汁を取り、その時期に余っている食材の大根と人参、そして、酒蔵の余りモノである酒粕を一緒に煮込んだのが粕汁のはじまりであり、魚の骨を使うので骨正月というようになったのだとか。関西では江戸中期にすでにあった行事だと記されている本もある。別の本では、骨正月は全国的にあったとも。関西から広まった行事なのかどうか？　しかし、粕汁を骨正月に食べていた地域は飛び地的にあったりもする。

その名残なのか、今も粕汁は全国各地に点在する。もちろん、土地が変わればメインの具材も食べる時期も違う。そして、個人的に興味深いのは、入れる酒粕の量の差である。京阪神を中心とする近畿圏では、酒粕たっぷり、味噌などの味付けは気持ち程度な場合が多いが、他の地域では、使う酒粕の量がいたって控えめで、コク程度に入れる場合が多い。

また、粕汁の概念がそもそも違う地域もある。

岐阜県加茂郡《かもぐん》の某蔵開きで粕汁が振舞われたのだが、そこにあった「粕汁とは」と書かれた説明用紙にはこう記載されていた。

〝粕汁は、酒粕で作った甘酒〟

〝甘酒は、米麹だけで作った甘酒〟

衝撃の瞬間だった。

ちなみに『日本語大辞典』（講談社）には、次のように記されている。

「粕汁：酒かすを入れた汁物。塩ざけや塩だらの切り身に野菜・こんにゃくなどを入れる。また、みそ汁に酒かすを入れたもの」

なので、あながち間違いではないけれども、関西人としては悶々とした気持ちがおさまらない。

この本は、主に京阪神の粕汁を中心に、全国の様々な粕汁（粕汁のようなモノも含む）をめぐってきた粕汁探訪記だ。そして、粕汁を取り巻く食文化の過去・現在・未来も、ちょっぴり垣間見てもらえたらと思う。

酒粕いろいろ

酒粕ってなに？

日本酒を絞った時に出る粕《かす》のコト。日本酒の作り方を超簡単に説明すると、蒸した白米＋麹＋水を発酵させ、液体（酒）を絞る。その絞る時に残る固形物が酒粕。なので、酒粕は米と麹でできており、とっても栄養満点の発酵食品だ。

酒粕はどこで買えるの？

スーパーなどでも年中販売しているコトが多いが、京阪神あたりで粕汁を作る場合は、新酒《しんしゅ》の新鮮な酒粕が最適。町の個人経営の酒販店では、酒を取り扱っている酒蔵の酒粕が入荷しているコトが多い。店頭に「酒粕あります」「酒粕入荷」と貼り紙があるコトも。

また、酒蔵で販売スペースを設けているところは、直接販売していたり、お取り寄せができる場合もある。新酒の酒粕が出回るのは十一～三月頃。酒粕五百グラムで三百五十円～五百円ほど。日本酒がそれぞれでまったく味が違うように、酒粕もそれぞれ味が違うので、ぜひ、いろんな酒粕で粕汁を作ってみてほしい。

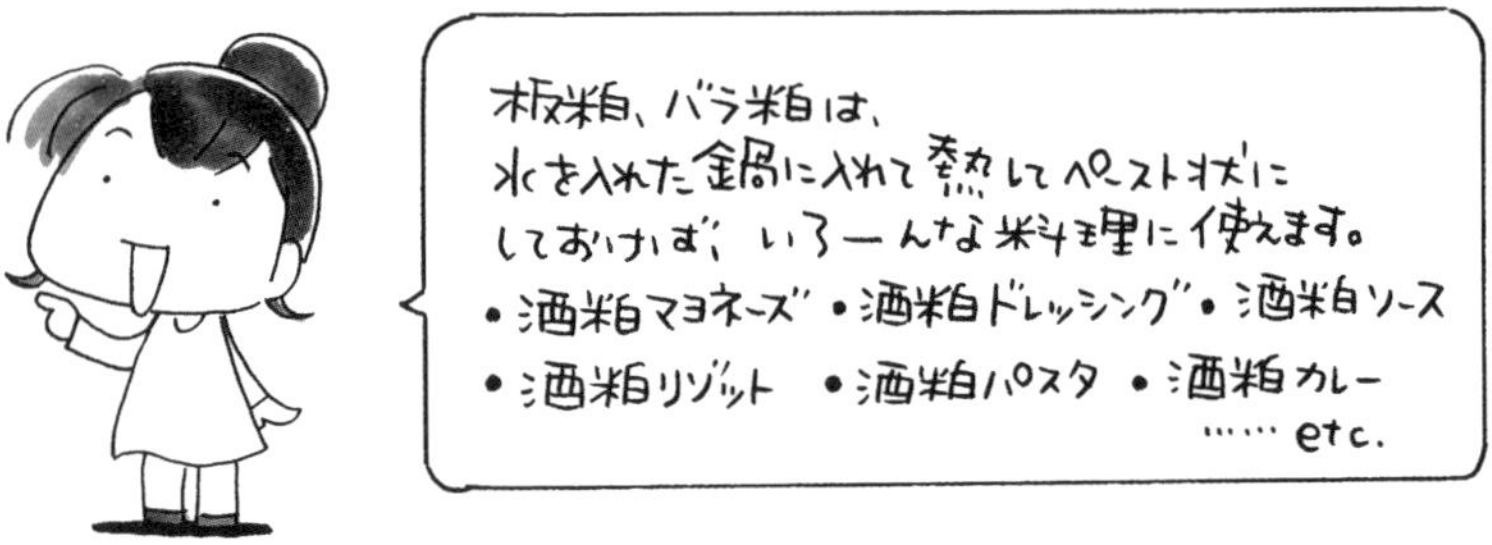
板粕、バラ粕は、
水を入れた鍋に入れて熱してペースト状にしておけば、いろーんな料理に使えます。
•酒粕マヨネーズ •酒粕ドレッシング •酒粕ソース
•酒粕リゾット •酒粕パスタ •酒粕カレー
……etc.

酒粕の種類

板粕 	日本酒を絞った後の粕を板状に切りそろえた、水分少なめで白色の酒粕。一番ポピュラー。様々な酒粕料理に使える。水分が少ないものほど、トースターなどでパリパリに焼いて食べるには最適。粕汁や酒粕甘酒にする場合は、溶けにくいのでじっくり煮るか、あらかじめ温かい出汁で溶いておくとよい（松鳥は、溶けきらない酒粕もそれはそれで美味しくて好き）。
バラ粕 	板粕を切る時に余った端っこの部分。ポロポロした白い酒粕。板粕同様、粕汁はもちろん、いろんな酒粕料理に使える。板粕よりは、やや溶けやすい。
白い練り粕 	バラ粕を4か月ほど熟成させ、練り合わせてやわらかくペースト状にしたモノ。汁物にも溶けやすく、使い勝手がよい。西京《さいきょう》焼《や》きなどに便利。もちろん、粕汁にもよい。
成形粕 	バラ粕を練り、板状に加工した白い酒粕。白い練り粕と同様、溶けやすいので粕汁をはじめ様々な料理に使える。
練り粕（踏み込み粕） 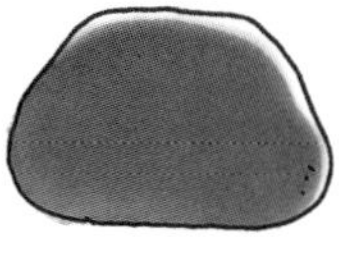	板粕やバラ粕を4～6か月熟成させた酒粕。薄茶色もしくは褐色。足で踏み込むので「踏み込み粕」と呼ぶコトも。奈良漬けなどの漬物用に使われる。粕汁を作るには不向き。

京阪神の粕汁の（主な）特徴

メインの具材
（下記のいずれか1～2種類）

- 鮭
- ブリ
- 豚肉
- 野菜のみ

出汁
カツオ＆昆布

入るコトが多い具材
- 油揚げ
- ちくわ

など

粕汁の時期
11月下旬～2月中旬

必須な具材
- 大根
- 人参

たまに入る具材
- 里芋
- 豆腐
- ゴボウ
- 根菜類

など

酒粕の割合
味付け調味料（みそなど） 1 以下 ： フレッシュな酒粕 2 以上

味付け用の調味料
（下記のいずれか1～2種類）

- 塩
- みそ
- 白みそ
- 醤油

粕汁MAP

本書で紹介する粕汁の大まかなMAP。本書で紹介しきれなかった粕汁も。あなたの地域はあるかな？

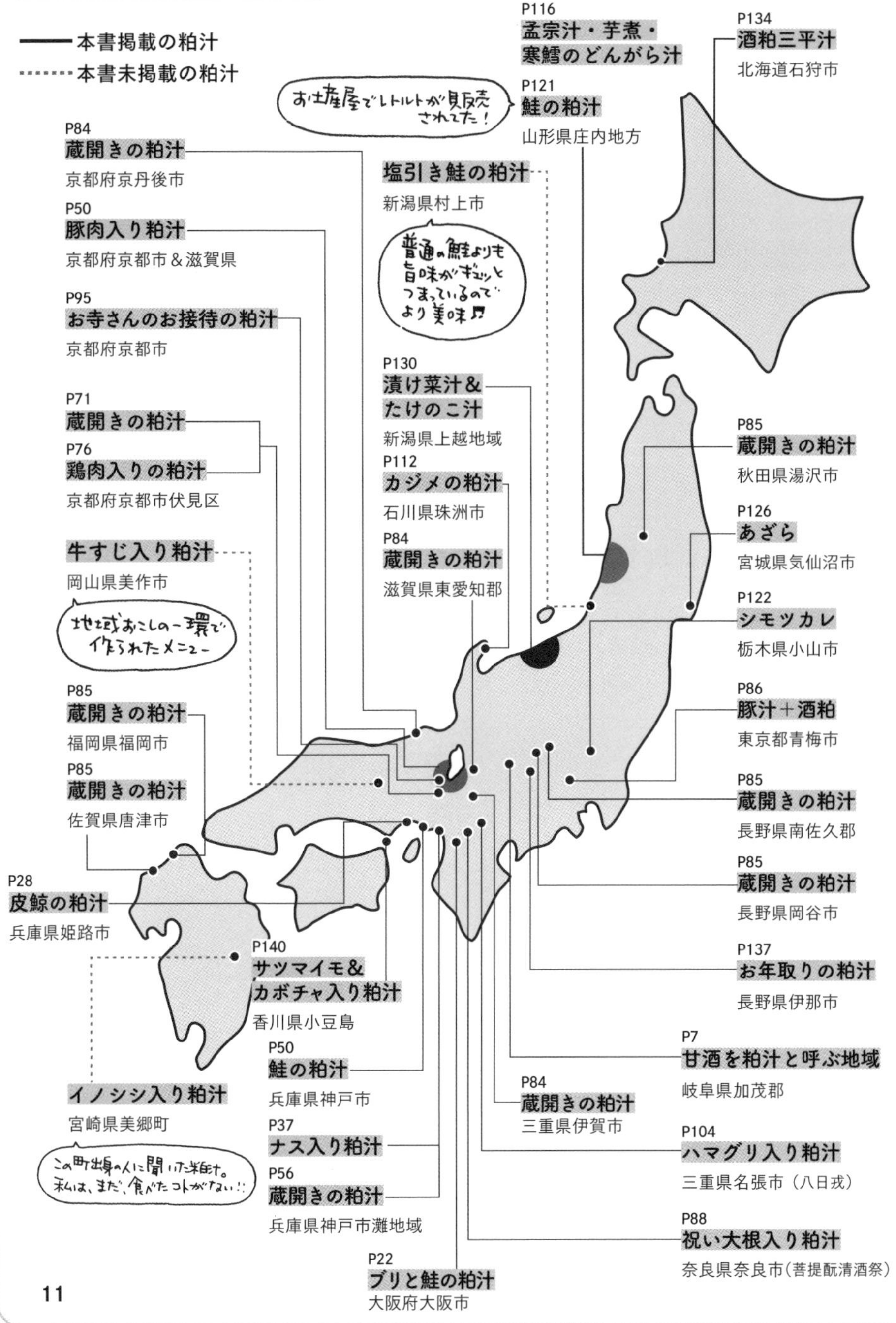

—— 本書掲載の粕汁
------ 本書未掲載の粕汁
P116 孟宗汁・芋煮・寒鱈のどんがら汁
P134 酒粕三平汁 北海道石狩市
お土産屋でレトルトが販売されてた！
P121 鮭の粕汁 山形県庄内地方
P84 蔵開きの粕汁 京都府京丹後市
塩引き鮭の粕汁 新潟県村上市
普通の鮭よりも旨味がギュッとつまっているのでより美味♪
P50 豚肉入り粕汁 京都府京都市＆滋賀県
P95 お寺さんのお接待の粕汁 京都府京都市
P130 漬け菜汁＆たけのこ汁 新潟県上越地域
P71 蔵開きの粕汁
P76 鶏肉入りの粕汁 京都府京都市伏見区
P85 蔵開きの粕汁 秋田県湯沢市
P112 カジメの粕汁 石川県珠洲市
P126 あざら 宮城県気仙沼市
牛すじ入り粕汁 岡山県美作市
P84 蔵開きの粕汁 滋賀県東愛知郡
P122 シモツカレ 栃木県小山市
地域おこしの一環で作られたメニュー
P86 豚汁＋酒粕 東京都青梅市
P85 蔵開きの粕汁 福岡県福岡市
P85 蔵開きの粕汁 佐賀県唐津市
P85 蔵開きの粕汁 長野県南佐久郡
P85 蔵開きの粕汁 長野県岡谷市
P28 皮鯨の粕汁 兵庫県姫路市
P140 サツマイモ＆カボチャ入り粕汁 香川県小豆島
P137 お年取りの粕汁 長野県伊那市
P7 甘酒を粕汁と呼ぶ地域 岐阜県加茂郡
P50 鮭の粕汁 兵庫県神戸市
イノシシ入り粕汁 宮崎県美郷町
P84 蔵開きの粕汁 三重県伊賀市
P37 ナス入り粕汁
P104 ハマグリ入り粕汁 三重県名張市（八日戎）
この町出身の人に聞いた粕汁。私は、まだ、食べたコトがない!!
P56 蔵開きの粕汁 兵庫県神戸市灘地域
P88 祝い大根入り粕汁 奈良県奈良市（菩提酛清酒祭）
P22 ブリと鮭の粕汁 大阪府大阪市

おしながき

冬季に粕汁を出す
飲食店でも
粕汁がメニューに
ある日もあれば
ない日もある……
"偶然の出逢い"なトコロも
粕汁のステキな魅力
なんやで♪
粕汁あります

飲食店の粕汁は、同じ店でもその日によって具が違うことがあり、その時々で値段も変わります。そのため、本書では各店の粕汁の値段はあえて記載しておりません。ご了承ください。

1杯目

アテな粕汁

京都・西陣

カツオ出汁《だし》香る野菜の粕汁

旅する立ち呑み屋

「家以外で食べる粕汁で、一番美味しい店はどこ?」

そう聞かれれば、私は迷わずココを挙げる。京都西陣《にしじん》エリア、千本今出川《せんぼんいまでがわ》交差点すぐにある「立ち呑み あてや」だ。

「日本酒が好きなら〝あてや〟さんがうちからすぐでおススメ。女将が旅好きで、旅先で日本酒を仕入れてくるコトが多いから、いつ行っても、いろんな地域の日本酒が呑めますよ」

北野天満宮《きたのてんまんぐう》から徒歩約五分のところにある「京都ゲストハウス木音《きおと》」に泊まった際、宿主夫妻に教えてもらった店である。旅と日本酒好きの私にとって、こんなうってつけの店を紹介されたら、そら、行っとかなあかんやろ!

立ち呑み あてやの 野菜の粕汁

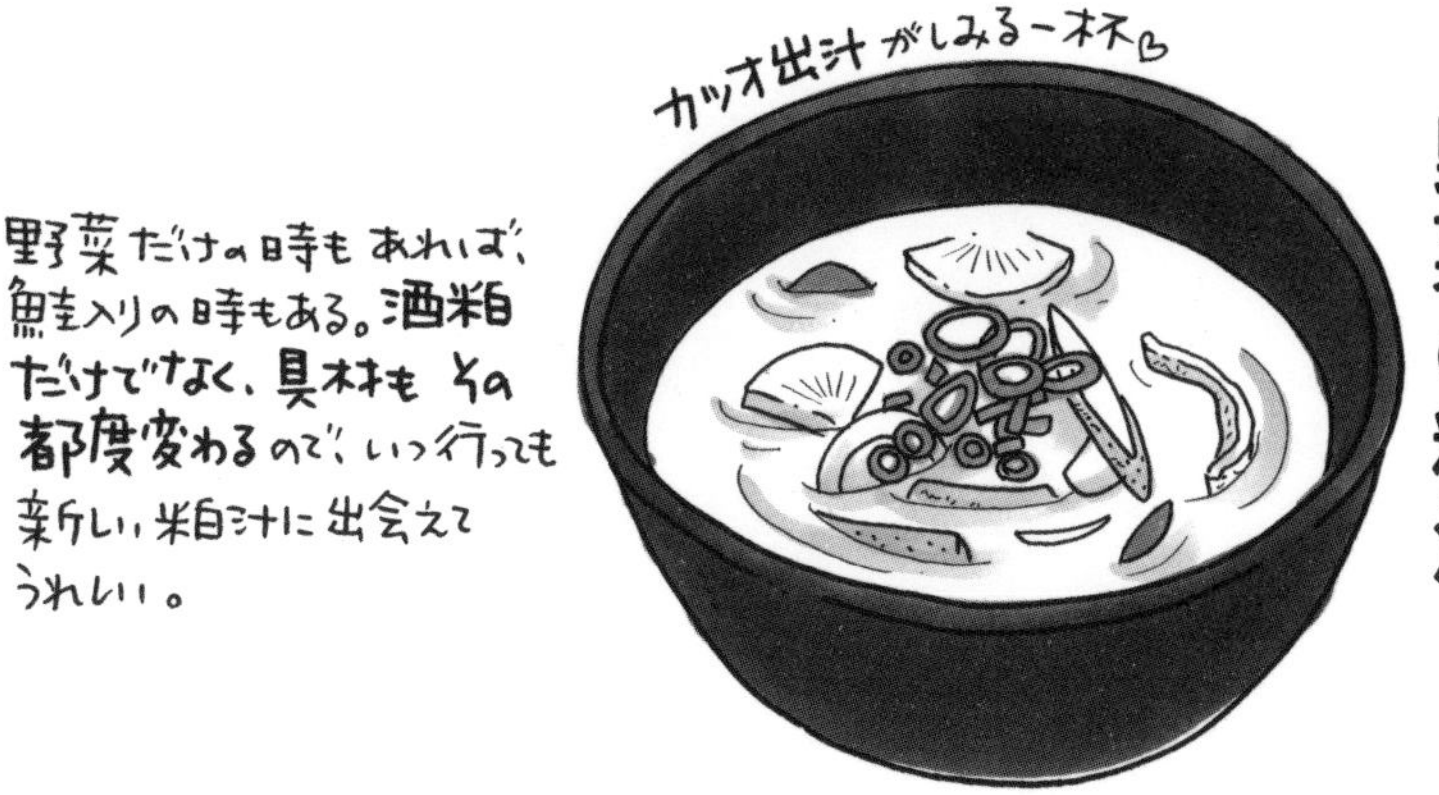
カツオ出汁がしみる一杯♡
野菜だけの時もあれば、鮭入りの時もある。酒粕だけでなく、具材もその都度変わるので、いつ行っても新しい粕汁に出会えてうれしい。

全面サッシの入口で、上部には暖《の》簾《れん》の代わりかのように小さめの提灯が五～六個横一列に並んでいる。清いくらいのこざっぱり感。間口が広く、店内も明るく、外からよく見えるので、緊張するコトなく入りやすい。立ち呑み屋初心者には、ありがたい。店は、三十代前半の女将・あいりーんさんが一人で切り盛りされていた。といっても、だいぶ年上の私ですら「姉さん！」と頼りたくなってしまうほどの包容力オーラが、あいりーんさんから漂ってくるのは気のせいか？

この日は高知の酒が並んでいた。あいりーんさんのおばあちゃんが高知におられるそうで、訪れる機会が多く、高知の酒が出る頻度が高いらしい。「でも、私、日本酒と黒糖焼酎が呑めないんですよ」と、カウンターの中から、あいりーんさん。

なんですと!? さっきから何種類かの日本酒を頼んだが、どれもこれも美味しいんですけど！時々出くわす〝呑めないけど美味い日本酒を仕入れる呑み屋の店主〟。あいりーんさん含む、そのような人たちの感性と直感は神がかっているとしか言いようがない。

粕汁苦手さんが作る絶品粕汁

さて、ココで、私は発見してしまった。メニュー

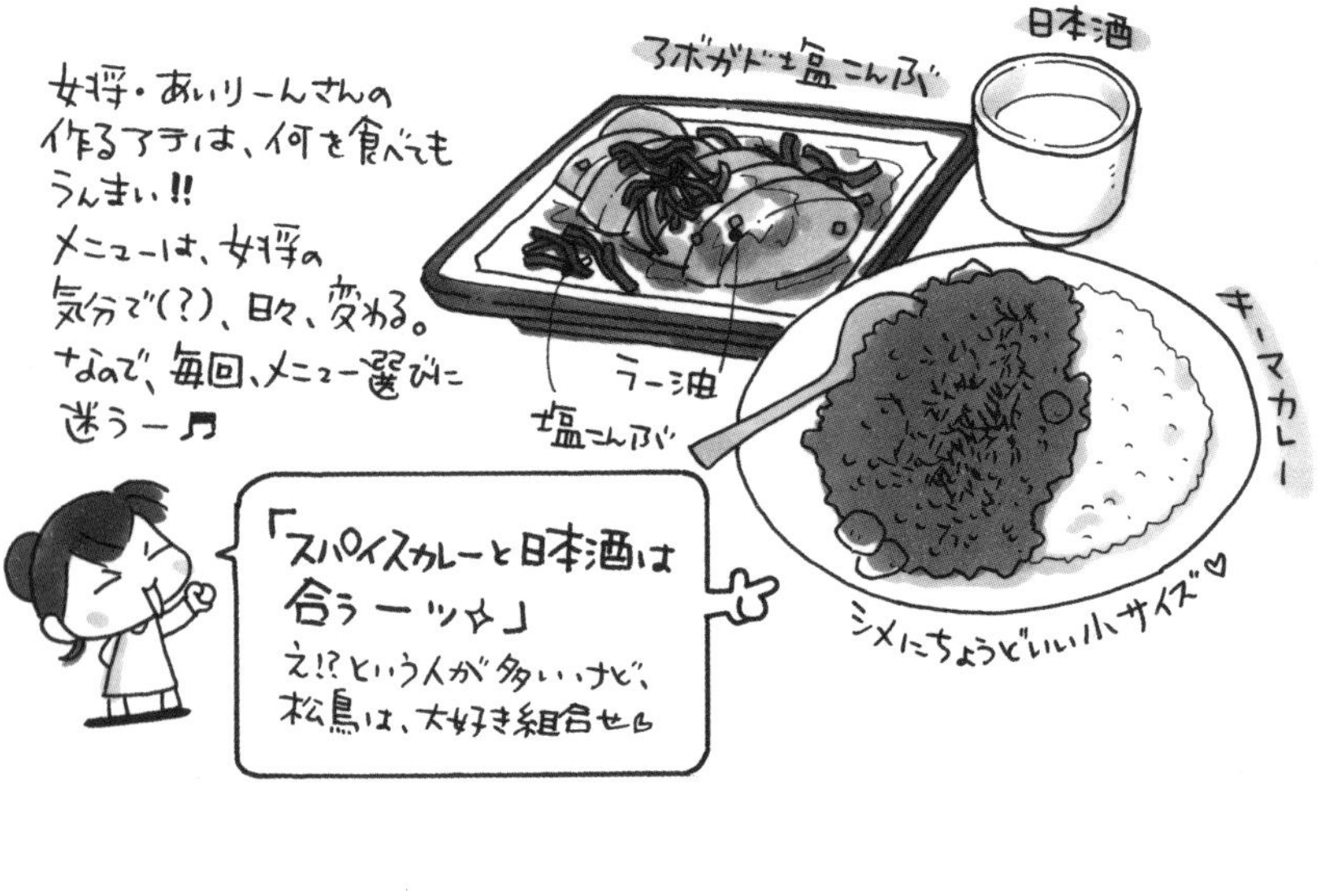
女将・あいりーんさんの
作るアテは、何を食べても
うんまい!!
メニューは、女将の
気分で(?)、日々、変わる。
なので、毎回、メニュー選びに
迷うー♪
アボガドと塩こんぶ
日本酒
ラー油
塩こんぶ
キーマカレー
「スパイスカレーと日本酒は
合うーッ☆」
え!?という人が多いけど、
松島は、大好き組合せ♡
シメにちょうどいい小サイズ♡

の中に「粕汁」があるコトを！　冬限定メニューで粕汁があるあたりが、やっぱり京都。もちろん、即オーダーである。

「頂きモノの酒粕で作るから、毎回、ちょっとずつ味が違うんですよ」

そうなのだ。関西の居酒屋で粕汁が出るのは、店がお世話になっている酒屋や蔵元から酒粕をもらえるからというのも大きい。蔵元にとって、使わなければ、酒粕は産業廃棄物としてお金を払って廃棄しなければならない。なので、店で使ってもらえるなら、それにこしたコトはない。また、日本酒の味がそれぞれ違うように、酒粕の味もそれぞれ、まったくと言ってよいほど違う。酒が美味しいからその酒の酒粕も美味しいという公式は、あまり成立しない（たまに、酒も酒粕も素晴らしく美味しいモノもある）。

「今日は、佐々木酒造さんの酒粕です」

佐々木酒造は、言わずと知れた京都の酒蔵で、俳優・佐々木蔵之介さんのご実家だ。この酒粕を、私は、まだ口にしたコトがない。「佐々木酒造さんの酒粕が手に入るのは、珍しいんですよね〜」と、あいりーんさん。なるほど、出くわさないわけである。今度、ぜひ、蔵元さんで酒粕そのモノも買ってみたい。

じっくりと温められ、ひと回り大きめの味噌汁茶碗に入って出てきた粕汁。もう、香りからして酒粕が漂ってくる。私のなかの〝正統派粕汁〟である。具材は、半月《はんげつ》切りの人参に、出汁《だし》が染み染みのイチョウ切り大根、油揚げ、少し幅厚めに切られたコンニャクといったお野菜たっぷり。THE京都&滋賀の粕汁その一である（ちなみに、その二は、野菜＋豚肉入りver.）。酒粕の味も、濃すぎず薄すぎず、出汁とからまって、とてもやさしい。口から胃袋まで、私の粕汁大好きな全細胞が大いに喜んでいる。

「出汁はカツオ出汁で、味噌は少し多めなんですよ。私が粕汁苦手なんで、酒粕が多いと味見ができないんで」

と、にっこりほほえむあいりーんさん。はい⁉ なんですと（二回目）⁉ こんなに美味しく、酒粕の味も香りもいい塩梅に活きまくっているのに、粕汁苦手とは、これいかに。料理の天才というのは、自分が食べられないモノでも美味しく作れてしまうものなのか。しかも、どこかの飲食店などで修業したわけではなく、立ち呑み屋をはじめる前は、同じ西陣にある「ゲストハウス金魚家《きんぎょや》」のスタッフをしていたそう。その際、西陣には気軽に呑める店がないから「ほな、私がやろかな～。ちょうど、いい物件（つまり、今の場所）も空いてるし」という理由というか、ノリで店を始めたらしい。そんな、川の流れのような生き方、うらやましい。私もそんな風に生きてみたいと切に憧れる。だからか、余計に粕汁が全身の隅々にまで染みわたっていった。

後から入ってきた男女二人組も粕汁を口にして驚いていた。「この粕汁、めちゃくちゃ美味しい！ 出汁はなにで取ってはるんですか？」と。ふふふ。おいしいやろ〜、ここの粕汁♪と、自分が作ったわけでもないのに、心のなかでめっちゃ自慢する私。ああ、またこの粕汁を飲みに「あてや」に来たい。宿までの帰り道、ほろ酔いになりながら、そう思わずにはいられなかった（余談。そして、十日後、仕事仲間と共に再び呑みに行ったのでした）。

女将
あいりーんさん
同年代の常連さんと「米米CLUB」(← 松島、大好き♡)の話をしていたら、ふいに♪Shake Hip!♪(米米のライヴでは必須曲♪)をかけてくれるという… なんて粋なコトをしてくれるのか！ 女将・あいりーんさん♡(♪Shake Hip♪リリース時には生まれてもいないのに、女将…)

大阪・京橋

老舗立ち呑み屋のブリと鮭の粕汁

はじめましては湯豆腐で

大阪の京橋《きょうばし》。そこは、言わずと知れた立ち呑み屋のメッカ。平日の真昼間から、満員御礼の店が立ち並ぶ。こんな時間から呑めるなんて、いったい、みな、何の仕事をしている人なんやろ？　かくいう私も、人のコトは言えない。平日十四時、立ち呑み屋の老舗「丸《まる》進《しん》」の扉を開けてしまった。

どこでもひとりでヒョイヒョイ行く私だが、当時、立ち呑み屋は別だった。おひとりさま立ち呑み屋デビューをして間もなかった頃である。なのに、来てしまった。長年の常連さんが溢れている老舗店へ。なぜなら、粕汁の大阪ver.を食べてみたかったから。粕

日本酒
名物
湯豆腐
ちくわ
ブリ
ネギ入り
だし巻きたまご
ふわっと
ひと巻き

丸進の ブリと鮭の粕汁

汁のためなら、エーンヤコーリャと、眠っている勇気も振り絞るのだ。丸進を選んだ理由は非常に安直。「大阪」「立ち呑み屋」「粕汁」と検索したら出てきたから。ま、よいのだ。とにかく、大阪の粕汁に出逢いたいのだ。

　粕汁とひと口に言っても、実は地域によって具材が違ってくる。滋賀県南部生まれ育ちの私は、幼い頃から野菜と豚肉入りの粕汁が常だった。が、大阪や神戸は魚を入れるというではないか。この時、魚入り粕汁というモノを、私はこ

の人生で、まだ一度も口にしたコトがなかった。

「お姉さん、うち、初めて?」

調理場をコの字に囲むカウンターだけの店内。その隅に自分のスペースを確保した直後、大将が威勢よく声をかけてくれた。一見さんにとって、店主からすぐに声をかけてもらえるコトほど、安堵するコトはない。

「初めてです!」

大将の勢いに併せて、コチラもつい元気に返してしまう。と、瞬時に目の前にほかほかの一品がやってきた。え? あれ? 私、まだ、何もオーダーしてへんけど?

「コレ、サービス! 食べてって!」

と、再び大将。そして、同時に名刺も渡された。大将の似顔絵入りだ。んんっ? 私、自分の仕事も言うてへんし、取材でもないし、自分の名刺も渡してへんけども!?

仕事柄、各地のいろんな店に行くけれど、一見《いちげん》さんにこんな挨拶をしてくれる店は初め

てだ。大将からの「いらっしゃい」という気持ちが伝わってきて、ますます安堵する。

サービスの品は湯豆腐。こんなに美味しい出汁がたっぷりの湯豆腐を私はかつて食べたコトがない。そういえば、入口の立て看板に「名物 湯豆腐」と書いてあったような。名物がサービスに出てくるとは、まさに名物。「〃丸進〃に行ったらな、サービス言うて湯豆腐くれはってん。めっちゃ美味しかったで〜」と、来店した人は、みんな、周りに言ってしまうコト間違いない。安直に選んだにも関わらず、一見さんにこんなやさしい店だったとは。平日の昼間からぎゅうぎゅうに混んでいるのも大いにうなずける。

人生初の魚入り粕汁

カウンター上部に吊られたいくつかのホワイトボード。その中に記されたメニューの数も、客に引けを取らない混み具合だ。視力が悪い私は、いまいちメニューの文字が見えない。が、粕汁があるのだけは、目を細めてしかと確認した。

京阪神の立呑み屋
では、だし巻きたまごも
よう頼みます〜♪
たいがい どこの店にも
あるし、店のキャラが出る
一品やと思う。

「日本酒と、粕汁ください」

粕汁がコトコトと温め直されるのを待つ間、隣の常連客のおっちゃんが、大阪のおススメの呑み屋を、あれやこれやと教えてくれた。昼間に軽く呑んで、銭湯の開店を待ち、ひと風呂浴びるのが日課らしい。幸せに満たされたような空気がおっちゃんから醸し出されてくる。

おっちゃんに粕汁が美味い呑み屋も聞きたいな〜と思った頃、お目当ての粕汁がやってきた。酒粕多めのドロっとさ。私好みだ。頬がにんまりと緩む。さっそく、ほかほかのひと口をすする。あれ？ 想像よりも、酒粕の味が控えめだ。それよりも、濃厚な魚の出汁が口の中いっぱいに広がる。なるほど。魚入りの粕汁はこういう感じなのか。でも、魚の身はさほど入っていないようだけど……と、箸でお椀の中をグルっとひとかきしてみる。聞けば、ブリと鮭で出汁を取っているそうな。粕汁に入れる二大魚を出汁に使う太っ腹さ！湯豆腐と名刺に続き、「丸進」のサービス精神がにじみまくる。四角いコンニャクと、大きめのちくわがゴロゴロと入っているのもいい。

ところで、横にいる常連のおっちゃん。実は、彼のおかげで、私は激込みの丸進に入るコトができたのだ。立ち呑み屋初心者にとって、常連ばかりで満員の老舗人気店に、しかも、立ち呑み屋という互いのパーソナルスペースが狭すぎる場所にひとりで入るには、それなりの勇気がいる。店の入口を遠目に眺めながらウロウロしていた私に、おっちゃんは手招きしてくれ、スペースを作ってくれたのだ。おっちゃんのおかげで、「丸進」の粕汁を口にするコトができたありがたさよ。

かつて、自分も一見さんだった常連さんが、新規の一見さんへ親切にしてくれる。まるで「親切の循環」。今度は、自分が誰かに親切を送れたらえなと思う。もちろん、粕汁のおいしさ布教も忘れるコトなく。

兵庫・姫路

歴史を味わう皮鯨《かわくじら》の粕汁

わずかに残る姫路《ひめじ》の粕汁文化

冬の夜。姫路《ひめじ》駅から徒歩圏内にひしめく呑み屋街の外壁には「粕汁あります」「粕汁はじめました」という貼り紙が並ぶ。夏が「冷やし中華はじめました」ならば、冬は「粕汁はじめました」が関西の定番。蔵元で新酒造りが始まりしばらくした十一月中旬～下旬頃、関西の呑み屋や食堂にその貼り紙が増えていく。冬の到来を感じる風物詩だ。

この日、私は滋賀の実家から、電車で約二時間半かけて姫路にやってきた。近いようで微妙に遠い。が、それでも食べたいモノが姫路にあるのだ。それは「皮鯨《かわくじら》の粕汁」。

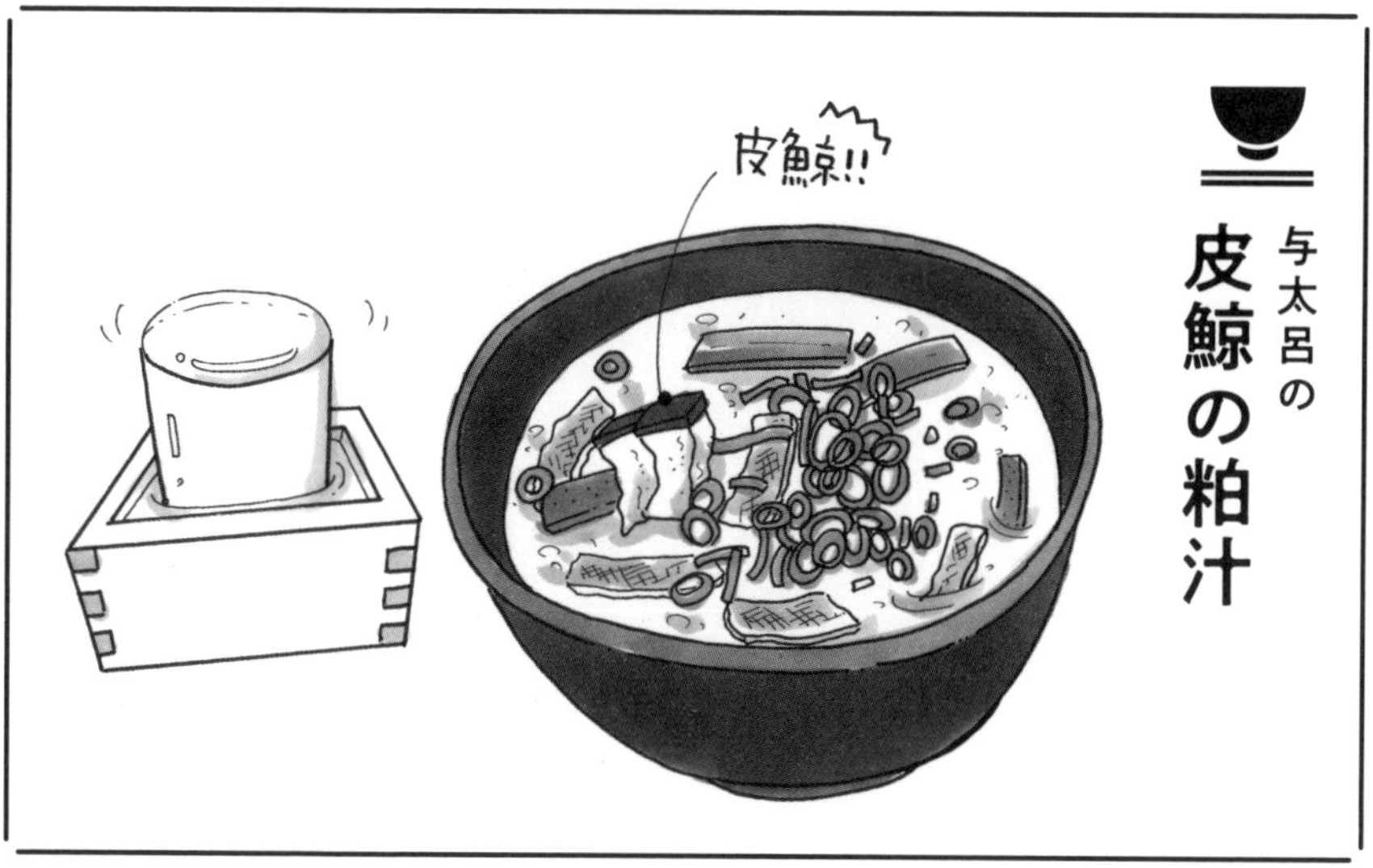

コトの発端は、長崎県長崎市内にある鯨肉《げいにく》専門店の窓に貼られた一枚のポスターとの出逢いだ。

「兵庫の郷土料理 皮鯨の粕汁」

その文句に釘付けになった。粕汁が郷土料理というのはわかるが、皮鯨を入れるとは！ しかも、同じ関西圏で。それまで、粕汁の具といったら、野菜だけ、もしくはそこに豚肉を入れる。はたまた、豚肉ではなくブリや鮭を入れるというモノしか知らなかった。調べてみると、兵庫県内でも姫路近辺の郷土料理らしい。粕汁好きとして、これは口にしてみなければなるまい。

さて、ココで登場するのが、姫路に詳しい人物である。姫路駅近くにある「ヒメジガハハゲストハウス」の宿主・ねねやんさんだ。生まれも育ちも生粋の姫路っ子。が、四十代のねねやんさんですら、皮鯨の粕汁は知らないという。しかし、ねねやんさんが友人知人に質問すると、出るわ出るわ皮鯨の粕汁情報！

「皮鯨が手に入ると母親がよく作ってくれた。美味しい出汁が出て大好き」

「我が家の粕汁には、今でも皮鯨を必ず入れる。皮鯨の塊をいくつか安く購入しておいて使う」

「子どもの頃、家の粕汁には皮鯨がよく入っていた」

ただ、問題は次の一言だ。

「今、皮鯨の粕汁を出している店も、いつもあるわけではなく、皮鯨が手に入ったら作る感じ」

店で皮鯨の粕汁に出会うのは、もはや運試しなのか⁉ 頼む。私の直感よ、冴えてくれ！

そして、私の直感アンテナに響いたのは「与太呂《よたろ》」という小さな立ち呑み屋だった。入口看板の上に「具だくさんかす汁あります！」と、わざわざ〝具だくさん〟と書かれているトコロにググッと吸い寄せられた。

捕鯨《ほげい》の歴史を垣間見る

店内はカウンター席のみで、十人も入ればいっぱいだ。すでに、おっちゃん達で溢れかえっていたが「奥なら一人いけるんで、どうぞ〜」と入れてもらえた。

家族経営らしく、カウンター内には、九十五歳のおばあちゃん、その息子さん六十四歳、そして三十四歳のお孫さんと三世代が揃っていた。孫と店に立つってどんな気持ちなんやろ？　朝から晩まで農作業をしていたおばあちゃんの横で遊んでいた自分の子どもの頃をふと思い出した。

「入口に書いてあった〝具だくさん粕汁〟が食べたくて！」

一も二もなく、私の注文は、まず粕汁である。そのために姫路に来たのだ。粕汁を温めてもらっている間、常連と思われるおっちゃん達

与太呂 名物
かす汁
具だくさん
姫路おでん　他色々有□
是非　お立寄下さい!!　与太呂
入口に吊るされたパネル
粕汁好きの心をめっちゃ揺さぶる♬

が話しかけてくれて、どんどん輪に入れてくれる。知らない人とでも、ふらっと喋れる。私が関西の立ち呑み屋を好きな理由はこういうトコロだ。

ほどなくして、カウンター越しに湯気が立ち上る汁椀が私の手元に置かれた。もちろん粕汁だ。箸でひとすくいした瞬間、汁椀をさらに覗き込んでしまった。見えたのである。今までの粕汁では見たコトないモノが。横8ミリほど、縦2・5センチほどでそんなに厚くはなく、一辺だけがやや黒い物体。

「コレ、皮鯨ですか⁉」

思わず、確認をしてしまう。

「姫路は、粕汁に皮鯨入れるって聞いて、食べたかったんです！」

感極まって、かつ、酒も入っており、ますますトーンがあがる。

えらいぞ、私の直感！よくやった！

「ねねやんさん。皮鯨入りの粕汁、〝与太呂〟さんにありました！」勢いあまって、ねねやんさんにメールを送る。

コスパもスゴイ
息子
おばあちゃん
孫
数分後に来たねねやんさん
酢の物 ¥200
やきとり 皮焼 ¥100
¥100
100円
日本酒一杯と粕汁と手羽先の唐揚げ2本で800円⁉ 安ッ

粕汁一人前に皮鯨二〜三切れ。豚肉以上に脂が多い皮鯨は二〜三切れがちょうどよい。それ以上だと、ちょっと脂がキツイ。店の息子さんいわく、昔は家の粕汁にも皮鯨をよく入れていたそう。逆に、お孫さんは粕汁に皮鯨を入れるコトは知らなかったという。

捕鯨《ほげい》が盛んで、鯨肉が他の肉よりも安かった時代には、もしかしたら、姫路以外でも皮鯨を具材にしていたのかもしれない。ねねやんさんの友人でも「神戸出身やけど、粕汁にも関東炊きにもコロを入れていた」という人がいた。「コロ」とは、同じく鯨の皮であるが、それを一度油で揚げ絞って乾かしたモノで、大阪あたりでは関東炊きの具材である。

「神戸には、冬になると〝くじら〟をよく売りに来る。粕汁の出汁に〝くじらのコロ（皮くじら）〟は最高だ」。『聞き書 兵庫の食事』（農文協）には、そう記されていた。戦前、捕鯨船の造船は神戸港で行われ、南氷洋《なんぴょうよう》への出港は神戸や大阪からだった。戦後、捕鯨が復活した際も、出港地は神戸。そうすると、南氷洋から持ち帰った鯨は神戸に揚がり、そこから流通していくため、神戸や姫路あたりで皮鯨を粕汁に入れるのも納得だ。粕汁の具材を知るだけでも、その土地の歴史が垣間見えてくる。これだから、粕汁めぐりはやめられない。

奈良

裏メニュー!? 鶏団子ときのこの粕汁

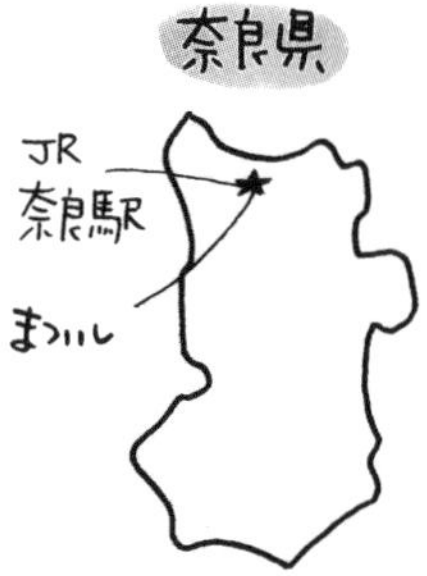

粕汁は偶然の出会い

「二日酔いやわ〜、わはは〜!」と、まったく二日酔いには見えない小柄なおばあちゃんが入ってきた。みんなに愛されている常連さんのようだ。彼女が入ってくるなり、立ち呑み屋「まついし」の店内の空気は一瞬で和やかになった。十五時のオープンと同時に呑んでいるみなさまは、どうやら還暦をとうに迎えているご様子。「ひさしぶりやな〜!」と、自称二日酔いおばあちゃんが私の隣に来る。が、どう考えても初めましてですよ(笑)。「たぶん、人違いしてはると思うんで、気にせんといてください〜」と、やや控えめな雰囲気の店員さん。

「すぐそこのホテル日航奈良さんの朝食バイキングで〝興福寺《こうふくじ》さんの粕汁〟(p.140)が食

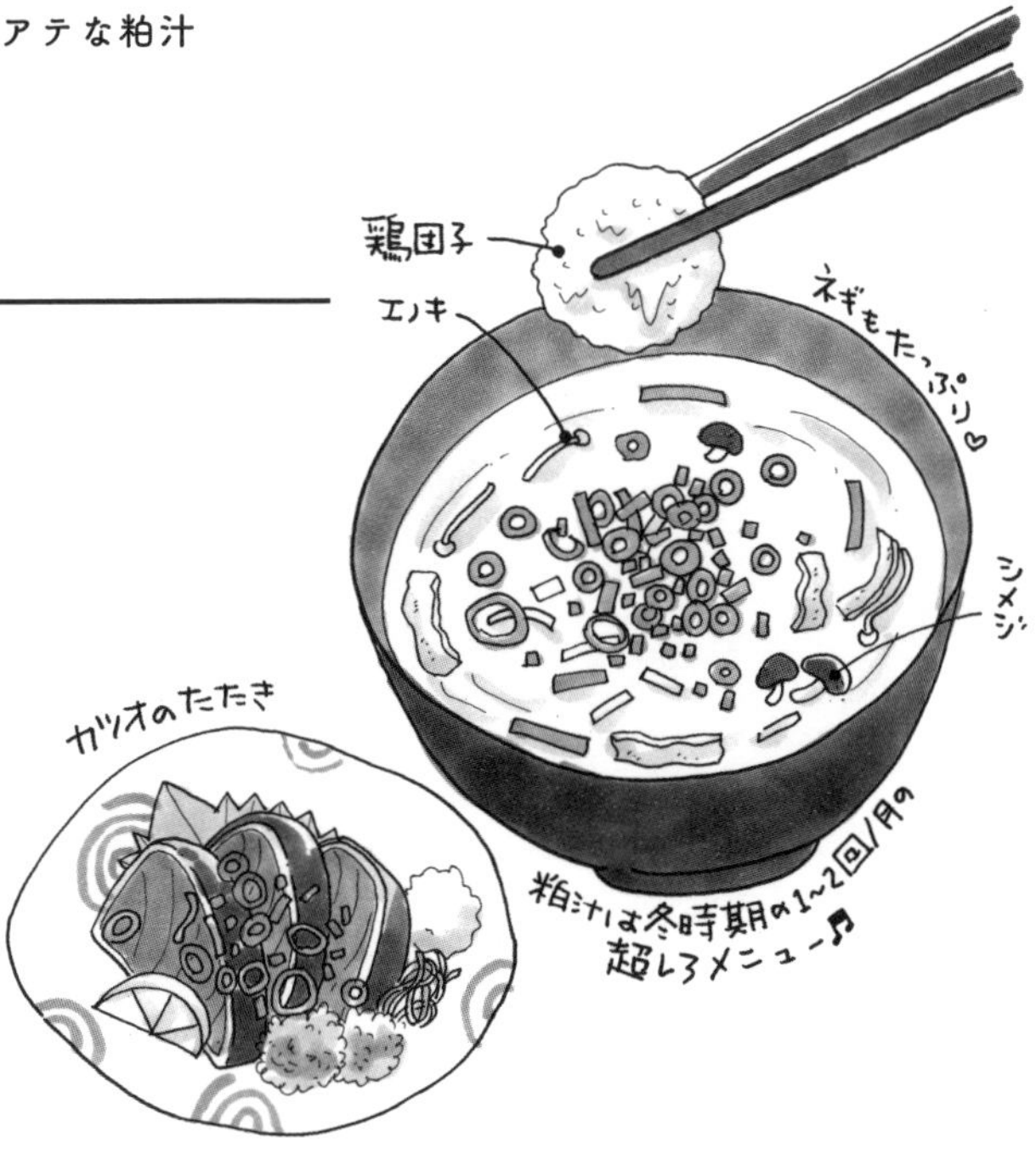
鶏団子
エノキ
ネギもたっぷり♡
シメジ
カツオのたたき
粕汁は冬時期の1~2回/月の
超レアメニュー♪

まついしの 鶏団子ときのこの粕汁

べられるって聞いて、いつも、高いホテルには泊まらへんのですけど、奮発して泊まりに来たんですよ～。ほしたら、この店、見つけて。楽しいお店ですね」

カウンターで、奈良の地酒「春鹿《はるしか》」をクイッとしながら店員さんに話しかける。すると、店員さんが一言……。

「うちにも粕汁ありますよ」

はい⁉ 外の貼り紙にも、メニューにも、どこにも「粕汁」の「か」の字も書いてへんけど⁉ と、心のなかでツッコミを入れると同時に「ほしいです！」と、すぐさまオーダー。

「昨年は鮭で作ってたんですけど、今

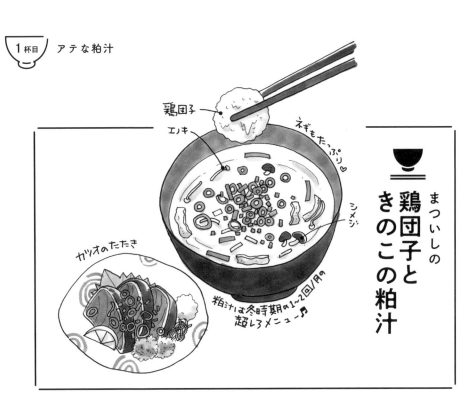

最近、酒屋さんから
もらえる酒粕の量が
減ったんですよねー
なんでですかねー?
店の人

年はキノコの粕汁にしてみたんです」

キノコの粕汁とは、ありそうなのに飲食店ではあまり出会ったコトがない。エノキ、シメジ、レンコン、そして鶏団子がひとつ。あとは油揚げ、大根、人参と通常具材が続く。椎茸とエノキとシメジが入るコトで、さらに出汁が利いていて。コレはよき。

そして、私は、学んでしまったのである。メニューに書いていなくとも、関西の冬の呑み屋では「粕汁ありますか?」と聞いてみるべしというコトを。むふふ（ちなみに、後日、奈良市内の別の呑み屋でも、メニューにないのに聞いてみたら粕汁が出てきた。もしや、奈良あるある?）。

常連さんとパチリ☆
おでん
各種
松島
自称、二日酔いのおばちゃん

神戸・東灘区

漬物店のナス入り粕汁

灘《なだ》の漬物と粕汁

ナスは夏野菜である。そして、粕汁は冬料理だ。しかし、今、私の目の前に置かれた粕汁は「ナス入り粕汁」。季節を混同しすぎである。なぜなんだ?

「レトルトやから」

店のママに問うも、その答えしか返ってこない。もしや、企業秘密なのか? それとも、甲南漬《こうなんづけ》に使うナスをレトルトの粕汁にも入れているのだろうか? レトルトなので、より幅広い層に向けているためか、酒粕の味は薄めの印象。ドロっとした粕汁が大好物な私からすると、酒粕はいずこ?状態ではあるが、粕汁に馴染みのない人には、とても食べやすい味になっている。

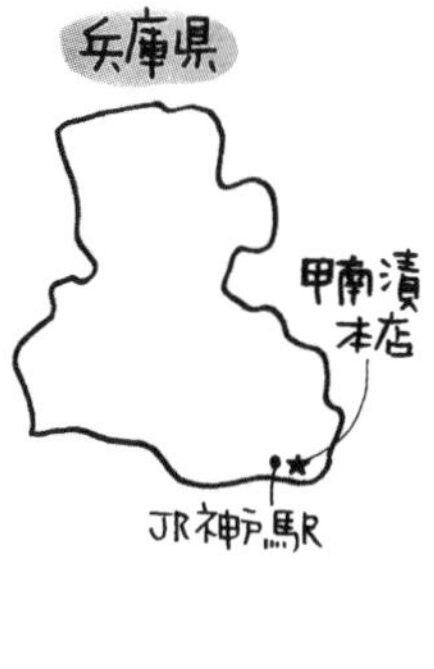

甲南漬の ナス入り粕汁

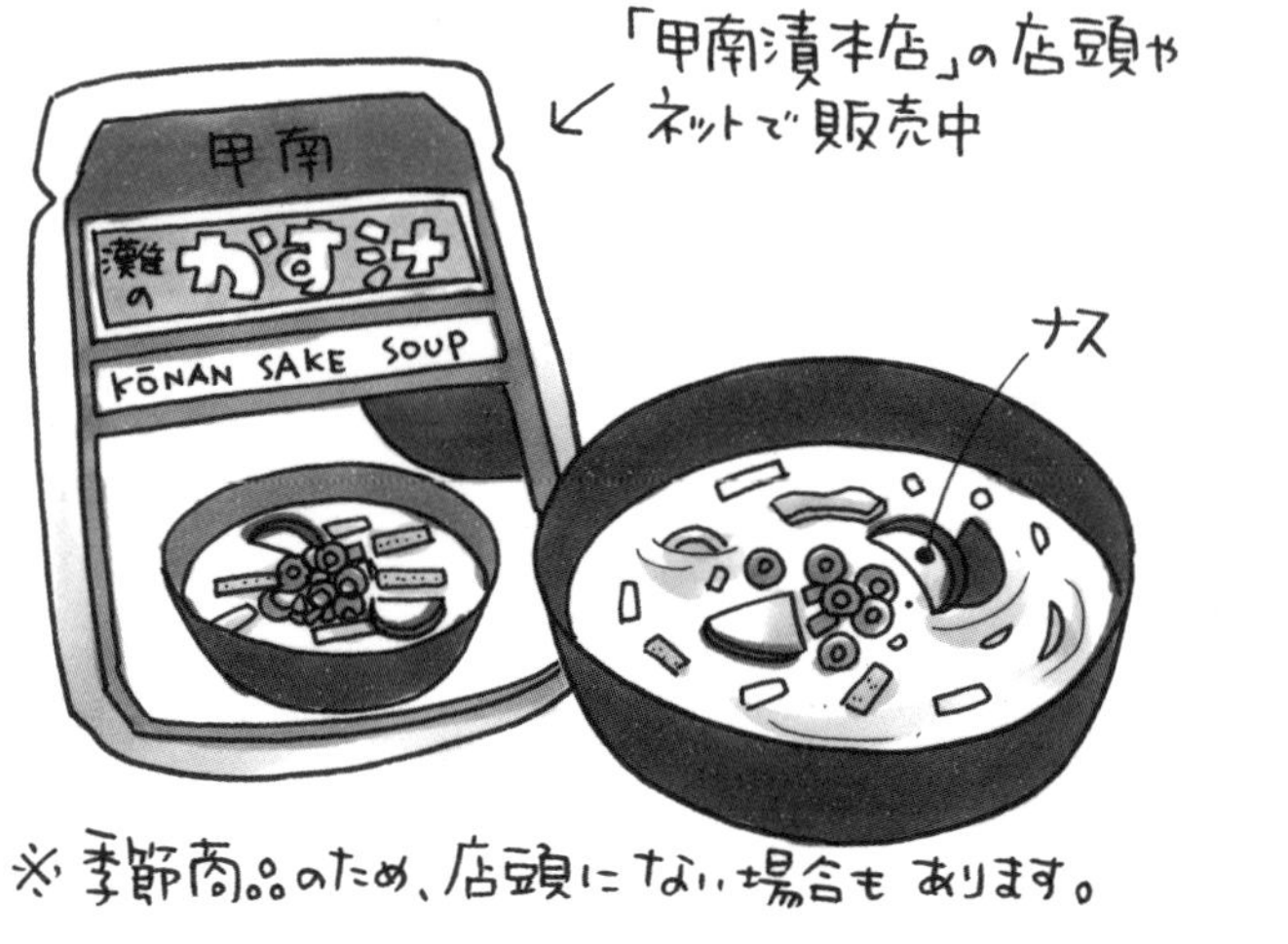
「甲南漬本店」の店頭や
ネットで販売中
甲南
灘の かす汁
KŌNAN SAKE SOUP
ナス
※季節商品のため、店頭にない場合もあります。

このちょっと不思議な粕汁に出会ったのは、日本酒の蔵が大集合する灘《なだ》五郷《ごごう》にある「甲南漬《こうなんづけ》本店」。以前、ココの敷地内には、「甲南漬資料館」と三つの飲食店があった。そのひとつが「酒泉《しゅせん》 木瓜《もっこう》」。昭和の木造喫茶店を彷彿とさせる内装のこじんまりとした店。カウンターには真っ赤なカーディガンを着た少し年配のママ。よい意味で昭和のノスタルジックさを感じさせる場所だった。残念ながら「木瓜」は閉店してしまったものの、ナス入りのレトルト粕汁は、「甲南漬本店」で購入が可能だ。

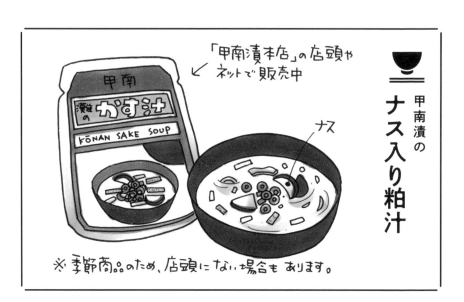

このナス入り粕汁。甲南漬オリジナルなのかと思いきや、実はそうではなかった。いつぞやか、訪れたJR摂津本山駅《せっつもとやま》（東灘区《ひがしなだ》）近くの某カフェの粕汁にもナスが入っていたのである。「このへんは、粕汁にナスを入れるんですか⁉」と驚く私に、店の奥さんはケロっとした顔で「粕汁にナス入れるの、美味しいですよね」と。どうやら、ごくごく普通なコトの様子。

「なんで、冬の料理に夏野菜のナスやねん」私の疑問は増すばかり。そんななか、食生活アドバイザーのブロガー・ＫＯＩＣＨＩさんのブログ内でも、灘区《なだ》出身のＫＯＩＣＨＩさんのお母さんが、ナスの古漬け入り粕汁を作っていたという記事に出くわした。新潟県や長野県では、漬物の古漬けを粕汁にした「漬け菜汁（p.130）」がある。てっきり寒い雪国の技かと思っていたが、ココ、灘でも同じように古漬けを粕汁に入れていた模様。その文化が、完全に消えてしまわずに残っているのは、さすが酒どころであり、甲南漬の聖地。今冬は、ナス入りの粕汁を自宅でも作ってみるべしと心に誓う私であった。

とにかく 松鳥的 美味粕汁 BEST3

酒好きの酒好きによる酒好きのための粕汁♡ つまり、酒粕たっぷりのドロッと系♡

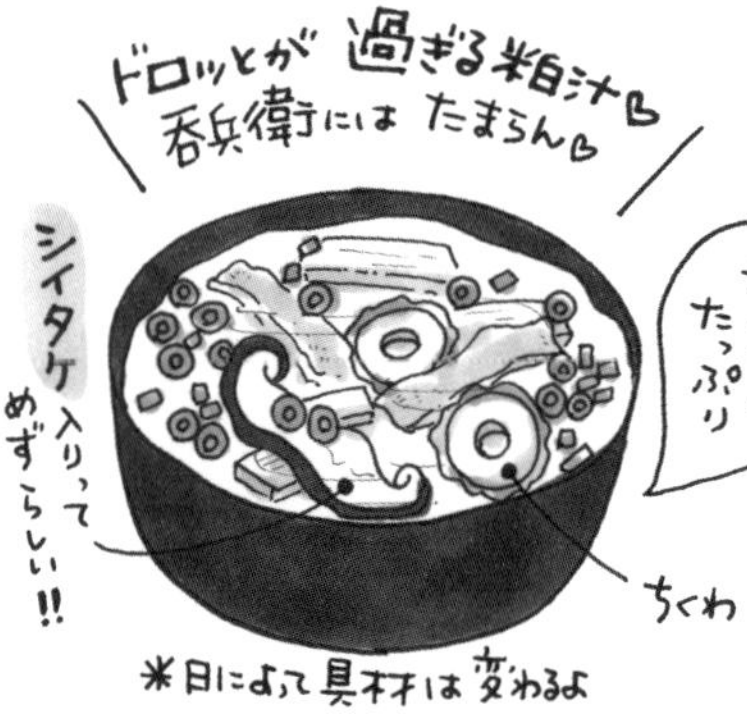

ドロッとが過ぎる粕汁♡
呑兵衛には たまらん♡
シイタケ入りってめずらしい!!
なみなみたっぷり
ちくわ
※日によって具材は変わるよ

滋賀 酔in《よいん》

滋賀県内の蔵元さんも通う店。この日の粕汁の酒粕は、滋賀の平井商店の「浅芽生《あさぢお》」の酒粕。ダンボールにいっぱい入ったのをもらったそうで、お客の私にも分けてくれました。うれしい。

入口の飛び出し坊や!!
(女将のだんなさん手作り)

大阪 立呑み処 七津屋 大阪駅前第4ビル店

通路との間に壁はなくてとってもオープンなスペース。ココも、ドロッと過ぎる粕汁。で、最大のポイントは最後に“おでんの出汁”をちょっぴりかけて出してくれるコト。コレが超アクセントになって、めっちゃ美味。骨付きの鮭も入っててさらによき出汁。

おでんの出汁をひとかけ
ちくわ
骨付き鮭

兵庫 へべれ家《け》

隠し味にみりんをちょこっと♡
豆腐(←実はめずらしい)
豚肉たーっぷり♡
酒粕は2種類入り

「粕汁の期間は酒粕がなくなるまで」とのコト。来客ほとんどがオーダーするへべれ家の粕汁。この日は、「道灌《どうがん》」と「風の森」の2種類の酒粕使用。粕汁に深みが増す。

寒い夜に温まってください!
へべれ家 名物
かす汁
380円

入口に貼ってあったチラシにひかれて入った♡

2 杯目 食堂の粕汁

京都・三条
京都・丸太町

THE関西!! 粕汁×粉もん

冬のおうどんは粕汁とともに

冬の関西で粕汁を出すのは、呑み屋だけではない。様々な店の冬限定メニューとして粕汁が登場する。

なかでも、昔から粕汁とうどんをあわせがちだ。その名も「粕汁うどん」。粕汁の中にうどんを入れるのである。

京都は荒神口《こうじんぐち》近くの麺処「自家製麺 天狗」では、肌寒くなる十月中旬～下旬頃「霜ふりうどん（かす汁煮込み鍋）」が登場しはじめる。他店の粕汁の登場より、少し早い。コレがメニューに上がると、そろそろ冬やな～と。もはや、私のなかで季節の変わり目を感じる味となっている。

粕汁うどん

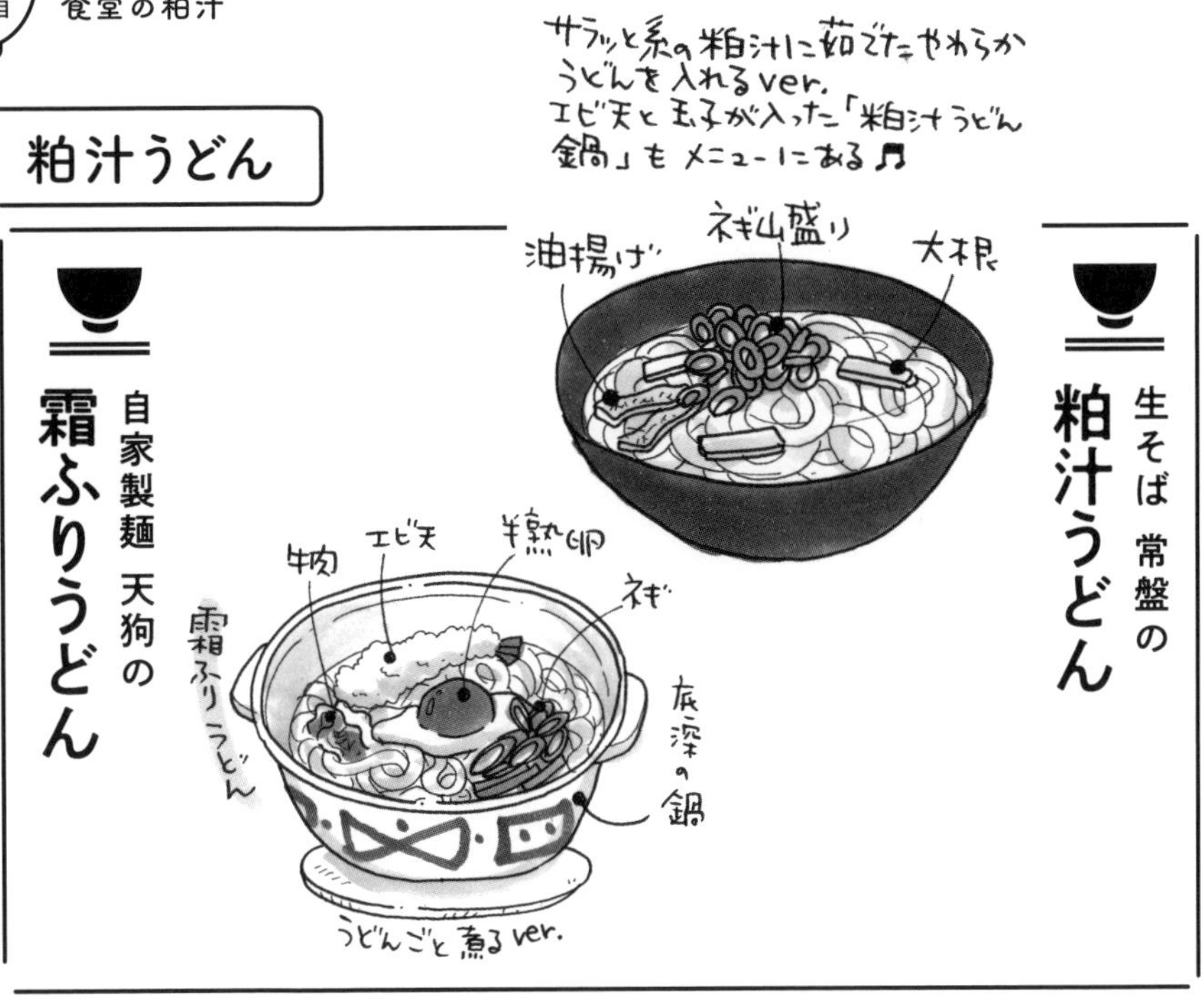
サラッと系の粕汁に茹でたやわらかうどんを入れるver.
エビ天と玉子が入った「粕汁うどん鍋」もメニューにある♪
生そば 常盤の
粕汁うどん
油揚げ
ネギ山盛り
大根
自家製麺 天狗の
霜ふりうどん
牛肉
エビ天
半熟卵
ネギ
霜ふりうどん
底深の鍋
うどんごと煮るver.

「霜ふり」とは「霜降り肉」が入っているわけではない。お汁に浮かぶ酒粕のホロホロとした姿が、霜が降った景色を思いおこさせるからと付いた名だ。とにかく、まず、お汁を口にしてほしい。カツオ出汁がたっぷりと効いたサラッと系粕汁に、牛肉とエビ天のエビと衣の味が交じり合い「TOP OF THE 出汁」!! 素晴らしすぎて、全身幸福感に包まれるたまらなさ。そして、そこに半熟卵を混ぜると、これまた、マイルドな別世界が広がるのだ。あぁ、たまらん!

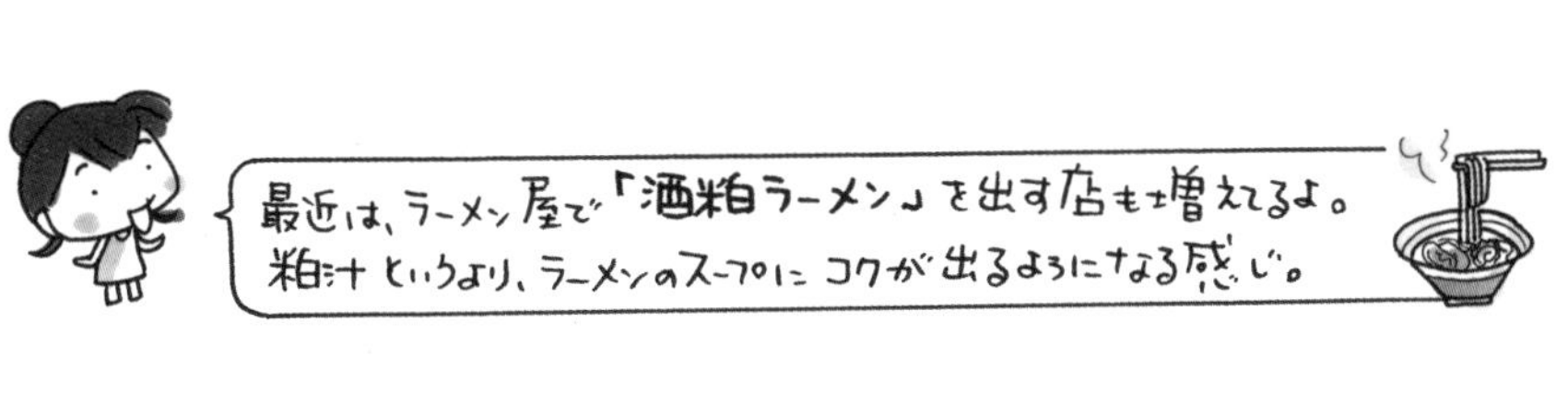
最近は、ラーメン屋で「酒粕ラーメン」を出す店も増えてるよ。
粕汁というより、ラーメンのスープにコクが出るようになる感じ。

粕汁×お好み焼き

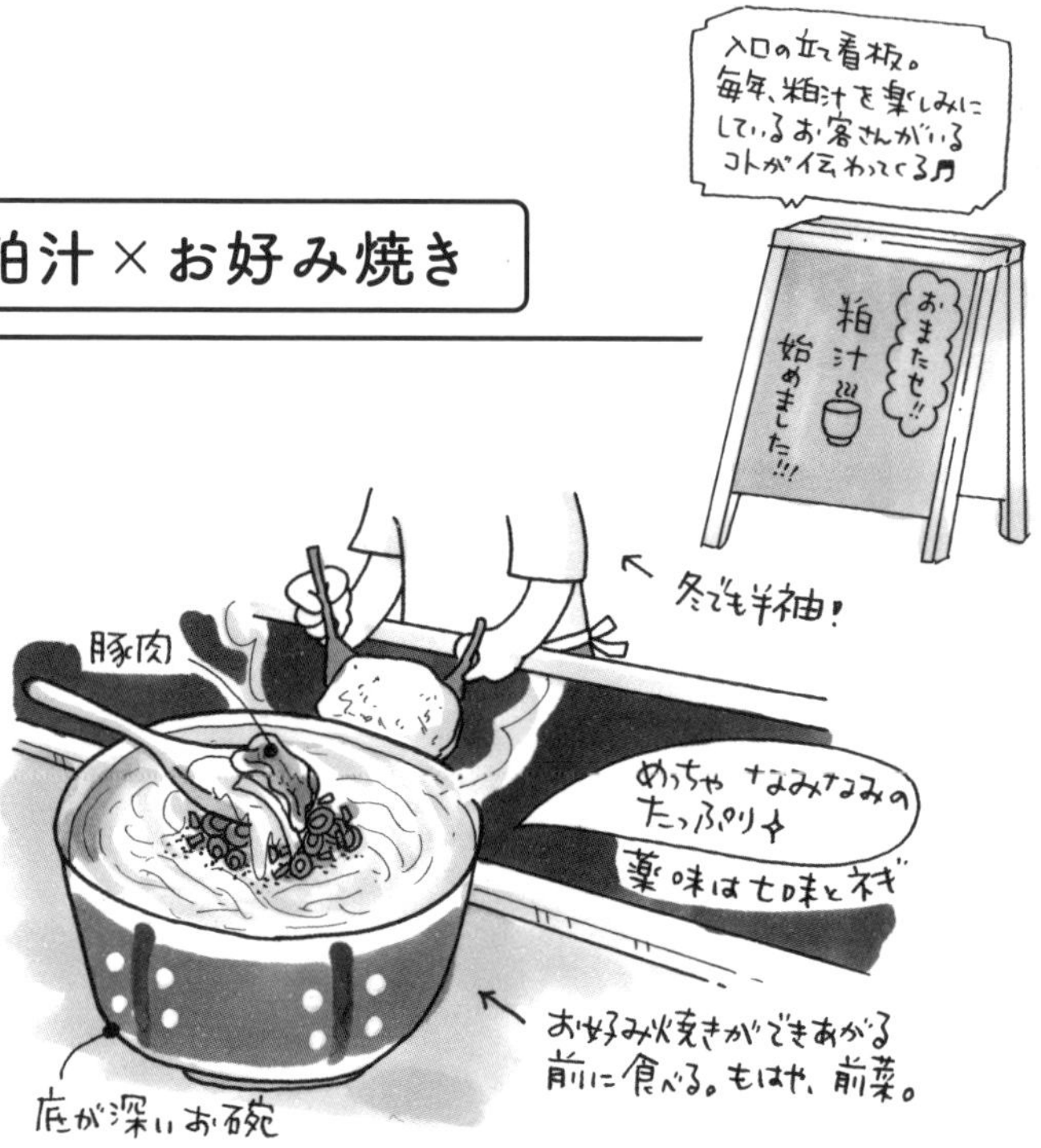
入口の立て看板。
毎年、粕汁を楽しみにしているお客さんがいるコトが伝わってくる♫
おまたせ!!
粕汁始めました!!!
冬でも半袖！
豚肉
めっちゃ なみなみの たっぷり✧
薬味は七味とネギ
お好み焼きができあがる前に食べる。もはや、前菜。
底が深いお碗

ここ家の たっぷり粕汁

ちなみに、自家製のささめんで頂く「霜ふりささめん」も、麺と酒粕がますます絡み合い、胃袋が至福の極みである。

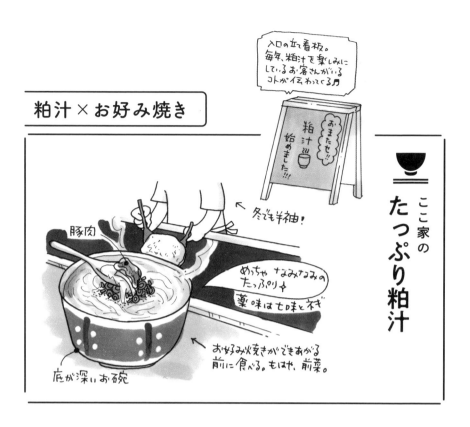

罪深く愛しい関西の味

個人的にたまらな過ぎる店がもうひとつ。京都は北山《きたやま》駅近くにある「ここ家《や》」だ。なんと、お好み焼き屋なのである。私の子どもの頃からの大好物は「粕汁」と「お好み焼き」。THE関西な二品。大好物が同時に楽しめる店がこの世にあるなんて！　こんな罪深く幸せなコトがあってええんか⁉ 家ですら、大好物の二つを同時に食すコトは今世で一度もなかった。なぜなら、どちらも好きすぎて、何杯も何枚もおかわりをしてしまうから。

「ここ家」の粕汁は、店の女将特製。大きめの茶碗をレンチンでほかほかに温め、そこへ、これまたほかほかの粕汁を注いでくれる。寒い冬に染みる心遣いが嬉しい。大根も人参もピーラーで剝《む》いたかのような薄くペラペラとなったものがどっさり過ぎるほど入っている。なんと、すべて包丁で丁寧に切っているのだそう。そこに、油揚げと豚肉。ほんのりドロッと系で、少し甘味がある。白味噌は使っていないとのコト。野菜の甘さかな？ 溶けきれなかった酒粕の塊がチラホラ残っているのもいい。私は子どもの頃から、粕汁内の溶けきれなかった酒粕の塊が大好きだ。

お好み焼きは、芸術品のように美しい丸型で焼かれており、濃いめのソースがたっぷりと。その上で幅広めに削られたカツオ節が舞い踊る。文句の付けようがない、関西の味。

大好物の「粕汁」と「お好み焼き」が同時に収められた私の胃袋は、嬉しい悲鳴を上げ続ける。今度、家でもこの二品を同時に作って食べてみないかんと心に誓った冬の昼下がりだった。

スプーンと粕汁

「ここ家」や「すいば」(P.46)では、粕汁にスプーンが付いてきた。シチュー並のドロッとさの粕汁はスプーンの方が、断然、こぼさずに食べやすい♪ 松島も自宅では、粕汁にスプーンを愛用中♡

具と薬味の変化球粕汁

家でもマネしてみたい!! そんな各店独特の味を、どうぞ!

大阪 よあけ食堂

朝っぱらから呑めるお店。常連さんの希望で作ったモノがメニューになっているコトも多々!

めし
おかず
よあけ

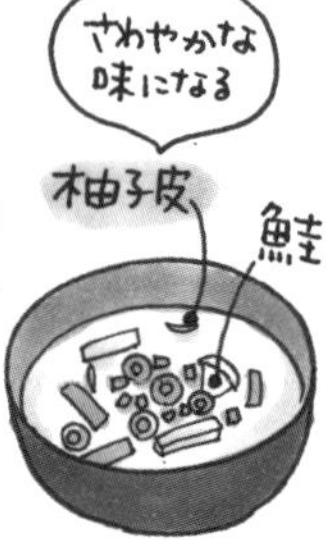

さわやかな味になる
柚子皮
鮭

京都 柳小路 TAKA

イタリアのNOBU《ノブ》／Armani《アルマーニ》で板長をされていたTAKA《タカ》さんが営む立ち呑み屋。粕汁にフライドゴボウは意外だけど、すごく合う。金亀《きんかめ》(岡村本家《おかむらほんけ》)の酒粕を使用。

フライゴボウ
ネギ

京都 すいば 四条河原町店

京都市内に数店舗かまえる立ち呑み屋。ドロッと系で根菜たっぷり。レンコン入りは意外とめずらしい。

店のキャラ

スプーンで食べる
厚切りレンコン
里芋も入ってる♡

京都 遊亀 祇園店

滋賀の蔵元・岡村本家の直営店。調理人さんのその日の気分で(?)粕汁のメイン具材が違う。

金亀

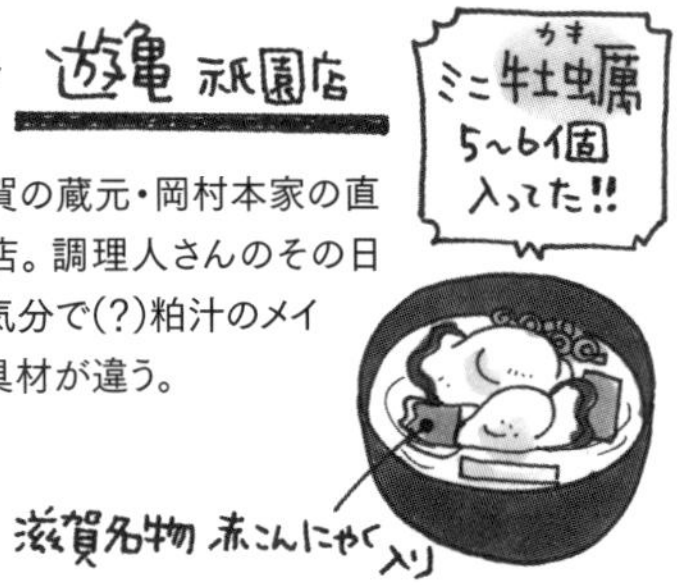

ミニ牡蠣《カキ》 5〜6個入ってた!!
滋賀名物 赤こんにゃく入り

京都 のら酒房

百万遍の小さなオアシス的お店。毎回、違う蔵元の酒粕を使うのだとか。大根や人参が薄くカットされているのが印象的。

甘酒にも合うけど粕汁にも良き♡
すりおろしショウガ

のら酒房

兵庫 粗酒粗餐《そしゅそさん》 田なべ

スタッフは女将のママ友さん達というアットホームなお店。ブリはしっかりと焼いてから入れてあるので臭味なく食べやすい。

酒

薬味は柚子胡椒
鰤
豚肉

他にも、具にキャベツを入れたり、薬味に山椒粉を使ったり、仕上げにたっぷりのカツオ節を盛ったりするお店もありましたよー♪

大阪・新世界
神戸・東灘区

始末の精神 粕汁×かやくごはん

大阪の粕汁は、かやくごはんとセット

ほんの少し遠い昔。大阪の各家庭では、粕汁の日には、かやくごはん※とセットが必然だったらしい。「浪速《なにわ》割烹《かっぽう》 㐂川《きがわ》」の創業者・上野修三氏の『浪速のご馳走《ちそう》帖』（世界文化社）には、こう記されている。

「昔、どこの一膳めし屋でも見られたのが〝かやく飯○○銭〟〝粕汁○○銭〟という看板」

どうやら、家庭だけでなく店でも同様だった模様。

京阪神の粕汁とかやくごはんを食べたコトのある人は、なぜ、その二つがセットなのか、容易に想像が付くに違いない。なんせ、具材がほぼ一緒なのである。人参、コンニャク、油揚げ。それを飯に混ぜるか、汁物にするかの違い。実に、時短かつ食材をとことん使い

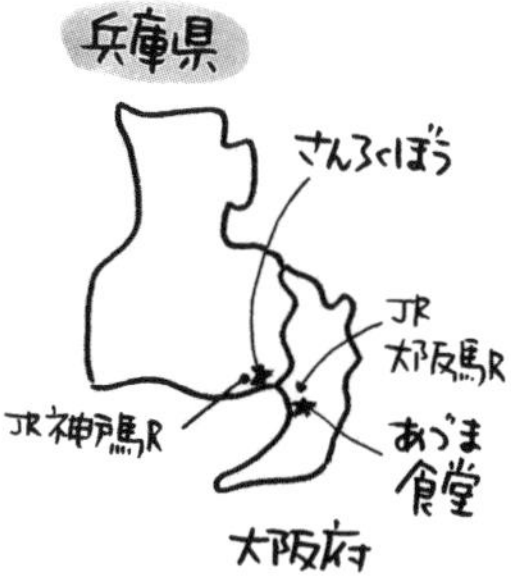

※ 炊き込みごはん、五目ごはんのこと。

豚肉たっぷり♥
ちなみに店の名物はシチューうどん
粕汁
丼サイズの器で出てくる!!
かやくごはん

あづま食堂の 粕汁とかやくごはん

切る大阪の「始末の精神」が生んだメニューだ。また、昔から大阪は酒どころの灘五郷と伊丹が目と鼻の先にあり、冬には酒粕が手に入りやすく、粕汁には好条件揃いな土地でもある。

　さて、そんな始末の精神セットが、今も食べられる店が大阪には二〜三軒ほどある。そのなかでも、私のお気に入りは通天閣《つうてんかく》近くの「あづま食堂」。食堂といっても、カウンター席のみなので、立ち呑み屋と食堂の間的存在かも。午前十一時半に暖簾《のれん》をくぐると、すでに、ビールを呑んでいる常連さんと思しき方々がカウンター席を埋めていた。さすがは、朝呑み文化の新世界。

みなさんが一杯やっておられるなか、私が頼むのはもちろん、粕汁とかやくごはん。待つコトほんの数分で、そのまばゆいメニューは目の前にやってきた。ほかほかのかやくごはんは、人参、油揚げなど一センチほどの短冊切り。実家で食べていたかやくごはんにほぼ近い。めっちゃ安堵感。しかも、おこげ付きというのが、なんとも嬉しいではないか。炊きこみごはんは〝おこげ〟が付いてなんぼである。

粕汁はサラッとでありつつも、酒粕の味がしっかりとある。具は、かやくごはんに引き続き、これまたオーソドックスな短冊切りの人参、大根、油揚げ。そして、メイン具材は豚肉ときたもんだ！ 豚肉入り粕汁を子どもの頃から食べ慣れている私には、これぞ王道セット。

創業は昭和二十八年のこのお店。先代の頃から、かやくごはんも粕汁もメニューにあったという。物静かだけれど、常連さんとほんわりと会話している二代目店主ご夫妻の空気感が家庭の味を感じる薬味のひとつになっているかのようだ。

ちなみに、冬限定メニューには「粕汁うどん」もあるのだが、よそではあまり見ない「粕汁そば」なるものまである！「うどんよりもそばの方が麺が細いから、粕汁がよう絡んで、私は好き」と女将さん。ならば頂かないわけにはいかない。粕汁とそばの組み合わせなんて、人生初である。ドキドキしながら粕汁がほんのり絡んだそばを口へと運ぶ。なるほど、たしかに。そばと一緒に粕汁の味が口の中にほんわり広がる。実は私、元来、そばよりうどん派という根っからの関西気質の舌なのだが、この「粕汁そば」は、ちょっとクセになりそうだ。粕汁うどんと粕汁そばを交互に食べたいという欲が生まれて仕方ない。

粕汁と酒粕豚汁

ところで、粕汁のメイン具材に豚肉を使うエリアは主に京都と滋賀である。神戸や大阪はブリか鮭が多い。神戸の水道橋筋《すいどうばしすじ》商店街あたりの魚屋では「粕汁用鮭」という名でひと口大にカットされた鮭が売られているのを見たコトもあった。

神戸は摂津本山駅近くの「出汁さんろくぼう」には「酒粕豚汁」というメニューがある。粕汁に豚肉を入れるコトが多い滋賀県民からすると「なんで、そんなややこしい名前なん？〝粕汁〟の二文字でええやん」と思う。店員さんに聞くと「粕汁と豚汁の合いの子なんで〝酒粕豚汁〟なんです」とな。さらに、ややこしい（と感じるのは滋賀県民だから）。が、神

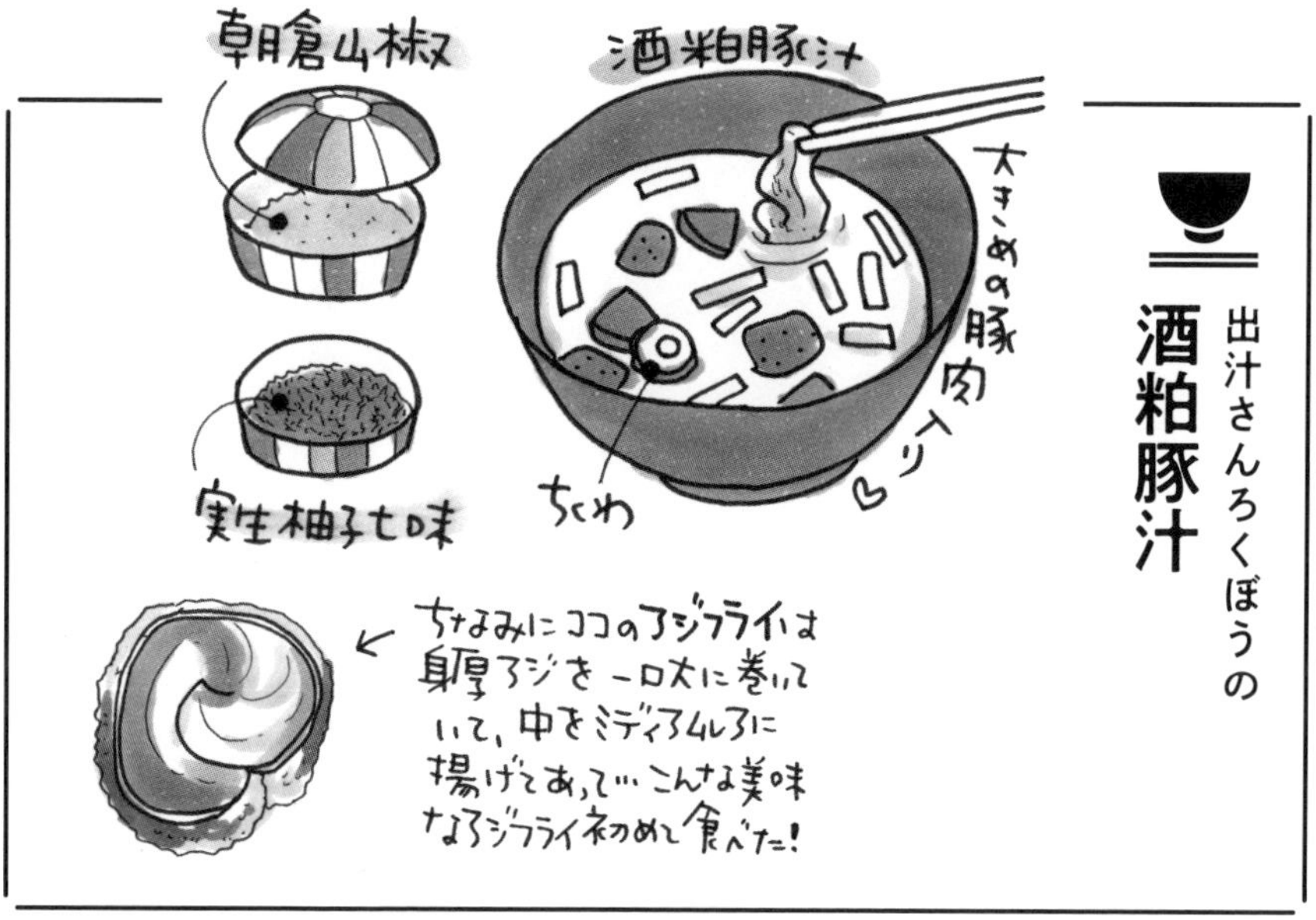
出汁さんろくぼうの
酒粕豚汁
朝倉山椒
酒粕豚汁
大きめの豚肉入り♡
ちくわ
実生柚子七味
ちなみにココのアジフライは身厚アジを一口大に巻いていて、中をミディアムレアに揚げてあって…こんな美味なアジフライ初めて食べた!

戸の人には「酒粕豚汁」と書いた方が親切なのだ。なぜなら、神戸では先にも書いたように、粕汁のメイン具材はブリか鮭という「魚」がほとんど。豚入りは、粕汁ではなく豚汁なのだ。粕汁だけどメイン具材は豚肉ですよという説明を一言で伝えた結果、「酒粕豚汁」となったよう。

ちなみに、「出汁さんろくぼう」の酒粕豚汁は、なんと、味噌を四種類も使っているという。だからか、とってもこっくりとした味わいのサラッと系。しかも、薬味にもがっつりこだわりが伺える。「実生柚子七味《みしょうゆずしちみ》」と「朝倉山《あさくらさん》椒《しょう》」の二種類。「実生柚子」は、接《つ》ぎ木

ごはん屋 たこ八食堂の
三代続く粕汁

食べてみて!
1じまであたたまろー♪
かす汁
この味3代続く
ぜひ1ぱいどうぞ たこ八
単品450えん 小350えん
定食に+200円でおつけします
入口の扉にでーんと貼られたチラシ
フルカラー手描き!! 気合いがちゃいます!!

早朝6:00からやってる食堂。冬限定メニューの粕汁は、仕込みに2日間かけているからか酒粕と魚の香りがまったく気にならないマイルドさ☆ 三代に渡って受け継がれている味。

ではなく種から育て、実がなるのに約二十年かかる。「朝倉山椒」は兵庫県但馬《たじま》エリアの在来種だ。京都だけでなく、神戸でも粕汁の薬味に山椒を入れるのが、興味深い。これまた、深堀りしたくてウズウズしてしまう今日この頃である。

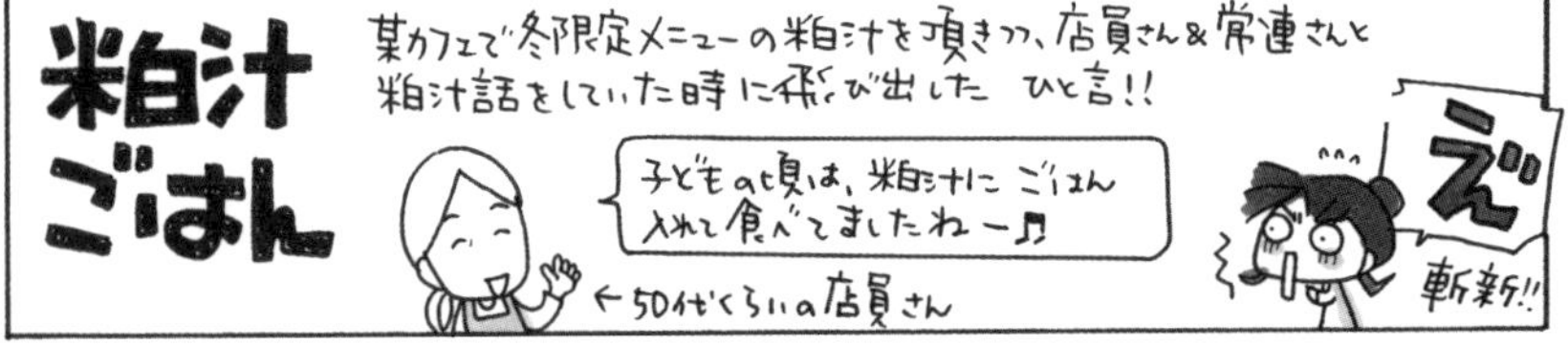
粕汁ごはん
某カフェで冬限定メニューの粕汁を頂きつつ、店員さん&常連さんと粕汁話をしていた時に飛び出した ひと言!!
子どもの頃は、粕汁にごはん入れて食べてましたねー♪
←50代くらいの店員さん
え
斬新!!

町の お惣菜屋×粕汁

京阪神の粕汁は、冬のお惣菜屋も見逃せない。

京都 京山食品

豚肉は冷めると脂が浮くから入れなくなったそう。

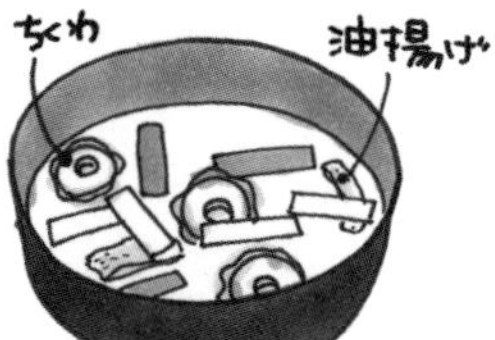
ちくわ
油揚げ

古川《ふるかわ》商店街にあるお惣菜屋。お店のおばあちゃん手作りの粕汁。「白鶴《はくつる》」の酒粕使用。なぜなら、おばあちゃんが日本酒は「白鶴」好きだから。サラッと系で食べやすい。

どどどん
320

入口に粕汁の鍋が置かれている!!

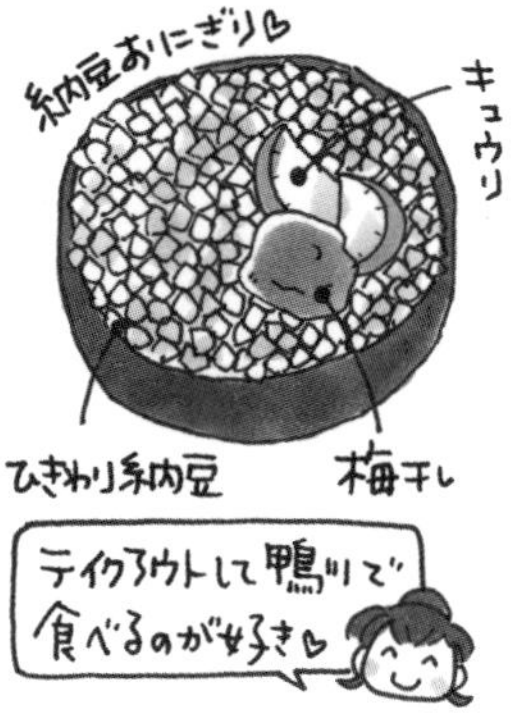
納豆おにぎり
キュウリ
ひきわり納豆
梅干し
テイクアウトして鴨川で食べるのが好き

京都 お米自慢おにぎり屋さん

出《で》町柳《まちやなぎ》駅近くにあるおにぎりとちょっとしたお惣菜のお店。Instagramが登場するだーいぶ昔から、ケーキのような映えおにぎりを作っているお店。粕汁は温めて渡してくれるので、おにぎりを選ぶ前に注文するのがBEST。

フタ
ビニール袋
テイクアウト用包装

兵庫 井神鮮魚店

ここ3人前入ってる
鰤《ブリ》
ちくわ

粕汁には珍しい透明の入れ物

神戸の水道筋1丁目商店街の魚屋さん。魚を使ったお惣菜も作って売っていて、冬は粕汁が登場する。メイン具材は鮭とブリのどちらかが選べる。

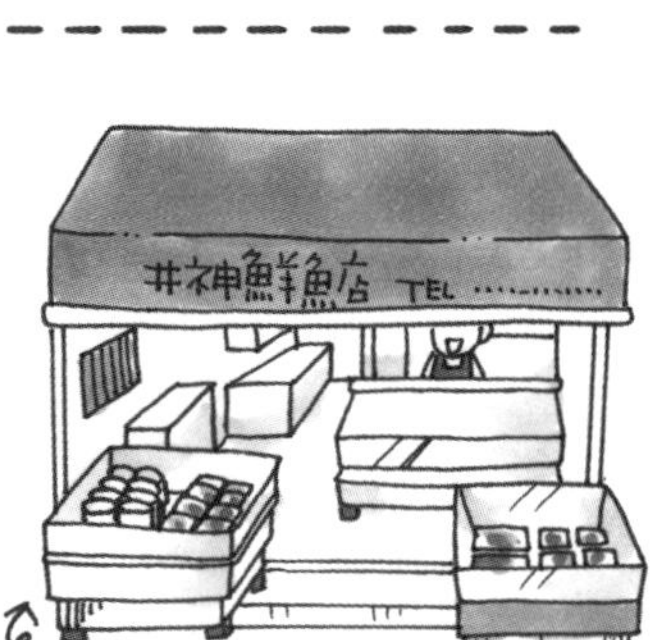
井神鮮魚店 TEL ……

お惣菜コーナー

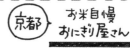

松島的 BEST 薬味

京阪神における粕汁の一般的な薬味は、ネギと七味。けれど、実は、松島…七味が苦手(汗)。なので、七味以外に粕汁に合う薬味を、いろいろ試してみました。

1位 山椒

ミルで挽きたてがオススメ。
ほどよいピリリ感。
香りもよき。

2位 パクチー

エスニック風になって美味。
酒粕とパクチーの相性はとってもよいと思う。
クミンパウダーを追加しても合う。

3位 ゆず皮

さわやかな粕汁に。
ゆず皮は冷凍しておくと、
いつでも使えて便利。

3杯目

酒蔵の粕汁

兵庫

粕汁愛とカオスが入り乱れる 灘五郷の蔵開き

そもそも
よそさん(＝自分の家以外)の粕汁が飲めるトコ言うたら どこやろ？
居酒屋
食堂
食堂
寺社の冬の行事
!!
蔵開きもやん!!
灘五郷のひとつ、西宮の蔵開きのチラシを手に入れたトコロ…
西宮
蔵開
寶娘
白鹿
日本盛
徳若
大関
ほぼ毎週末 どっかしらが蔵開きしてるやん!! スゲ～ーッ
なんたる粕汁ホリデーづくし
そんなわけで
いざ!! 蔵開きへ!
阪神 西宮駅
AM 9:30
ん？
対岸の歩道にも
同じ方向へ歩いて行く人なんや多いな
ーーってみんな目的地一緒やん
白鹿
ゾロ ゾロ
この日やって来たのは「白鹿」で知られる
「辰馬本家酒造」(西宮市)の蔵開き!!
入場するなり早々…
え゛!? ちょっと待って!!
「たこ梅」が出店してはる!!
きゃ～
一度は食べに行きたいと思っていたお店が突如現れて超ビックリ!!
おでん
大阪にある、日本一古いおでん屋さん
コレは食べとかなあかんやろ!!
今日はコロないんですよー
コロあります？
冬晴れの中朝からおでん♡ ええわぁ
ほか
ほか

は〜〜っ
あったかくて しあわせ〜♡
だが、忘れてはいけない――
私の本日の目的は
粕汁ッ
――が!!
!!
なんで粕汁と豚汁が両方売ったんねーん!!
粕汁
どーぞ
豚汁
どうですか?
どっちも大好き♡
うれしすぎるやんかー!!
ベレっベレっ
京阪神あたりにおいて粕汁と豚汁は従兄弟のようなもん
粕汁にも豚肉入れるねん
特に京都や滋賀あたり
スーパーの惣菜コーナーでも冬季は粕汁と豚汁が横並びにあるコト多し
豚汁 ¥350
粕汁 ¥350
そして関西の人で粕汁が苦手な人はかなりの確率でこう言います
豚汁は好きやけど
粕汁は苦手
――結局、両方買った♡
ご満悦
粕汁
豚汁
ひゃっほい♪
とにもかくにも今日のメインは
粕汁♡
ほか
ほか
ほか
粉カツオがかかってるって珍しい〜♪
ほんでちくわ入りってのが京阪神あたりの粕汁って感じやなー♪

ーー以前、東京の友人に
関西の粕汁ってちくわ入れるでしょ？アレ、不思議!!
え？ふつうやろ？
友人
と、言われ
そういや粕汁にちくわはよう入れるけど…
みそ汁とかにはあんま入れへん…かも？
う〜ん
みなさんのお家ではどうですか？
は〜〜♡
「白鹿」の粕汁はサラッとしてて飲みやすくて美味♡
この粕汁おいしいわー
ズッ
せやろ!!
他の店（食堂や居酒屋）のはドロッとしてるやろ？コレはサラッとしてるでええやろ？
売り子さん
売り子さんのお友だちさん
お姉さん!!あたしゃドロッと系も大好きやで♪
フッ…
粕汁話にはついつい心の中で参戦してしまうアタクシ
さて目的の粕汁で身も心も満たされたので酒呑もー!!
酒!!
ルンルン♪
…って
めっっちゃ並んでるやん!!
テーブル席も満席や!!
酒売場このへん
ズラズラ

さらに こんな 強者も!!
もはや 花見!?
ワハハハハ
ワハハハ
蔵開きで買った酒
持参したスナック菓子
蔵開きで買ったアテ
持参したレジャーシート
そして やたらと ファミリー多し!!
あるイミ日本酒の英才教育ッ
白鹿
ふ……
ふはぁ
ええなぁ これらの光景
見てるだけでしあわせやー♪
さてと 次は何をアテにしよかなー
お!!
キョロ
キョロ
酒→
だし巻きたまご 酒粕あんかけ
座るトコロが空いてないので歩き呑み
斬新!!
だし巻きたまご
酒粕あんかけ
サヤエンドウ
人参
だし巻き
酒粕あん
……コ コレは……別々に食べたい……かも
辛口コメント ゴメンナサイ…
あー あー…こも巻きの実演をはじめまーす
ピクッ

わぁ
こんなんもやるんやー
酒
樽には80年ぐらいの吉野杉を使ってます
圧倒的にチビッ子タタレッ
吉野杉の赤と白の境目の部分を使います
白い方が高級感あるんで
白鹿
ーと、解説をしつつ
流れるように仕上げていく職人技
(1樽10分ほどで完成!!)
サッ
ササッ
コレは"赤紙"って言いまして封印の印です
今は一カ所だけですが
昔は酒を盗む人がいたので上下いろんなトコロに"赤紙"を付けてました
呑んだくれるだけやなくて勉強にもなるって蔵開きスゴイ!!
ゴクッ
酒
そして帰り道では——
蔵の近所のスーパーが粕汁を無料で配ってました♡
スーパ
粕汁どーぞ
SALE
今日2杯目の粕汁やー♡
わ
粕汁
ココの粕汁は鮭《ザケ》入りでした
ヤバイわ蔵開きめっちゃ楽しい♡
粕汁も飲めるしなー♡
こりゃ他の蔵開きにも行かーなあかんやろ!!
お!来週は神戸にある「菊正宗」の蔵開きやん!!
蔵開きチラシ
おしッ
来週も蔵開きに来るでー!!

ー翌週末
菊正宗
◎大事なお知らせ
菊正宗
やって来ました「菊正宗」〈神戸市〉へ!!
どんだけ?
◎大事なお知らせ 混雑状況により安全のため 一時入場制限させていただく場合があります
注 コロナ禍前です
ん? ココは入口でなんかチェックするんかな?
…
いらっしゃいませ どーぞ
?
試飲ですー
!!
いきなり酒をもらえるやなんて…気分ええわぁ♥
ひゃっほい♪
そして…会場内は
立呑み100軒大集合かいな!?
酒と肴を買いこんで各グループがひしめきあっての宴中!!
やきそば
スゲ～～ッ
一升瓶の酒を何本も買ってる人

——そして、そして
私のお目当てはというと…
粕汁販売コーナー
粕汁 一杯300円
菊正宗
超絶ゴージャス!!
粕汁の具材
三田ポーク・ノルウェーサーモン・大根・人参・ゴボウ・うす揚げ・つきこんにゃく・西京味噌・塩・里芋・酒粕・水
まぶしいッ
しかもたっぷり!!
丼での提供なのに300円というコスパ!!
はぁ〜
うめ〜
豚も鮭《サケ》も細かく刻んであるから魚の臭みはまったくなし♥ ドロッと系なトコも最高♥
この時は1,500食限定でした☆
そうそう具材となっている三田ポークとは兵庫県三田市にある飼料会社が開発したブランド豚のコト
日本海
兵庫県
三田市
西宮市
神戸市
瀬戸内海
丼サイズはさすがに腹いっぱい
ふー
——が
丹波篠山 猪肉フランク
焼きたて
ポテトイすき
買ってもた♪ 臭味なくてしかもジューシー♥
もちろん酒も呑みます
世は満足ぢゃ♥
今回も座るトコロも置くテーブルも空いてなかったので歩き呑み
めちゃすばらしい入れ物☆
酒の種類が記載されている
しっかり固定
片手持ちOK!
お!こんなんもちゃんとあるんやな
和らぎ水 〜ご自由にお飲みください〜

コ…コレは…
水道!?
やわらぎ水
この水は
こちら和らぎ水です―どーぞー
六甲水系の水ですよー
へー
スタッフさん
…しかしコレは
こんなけ和らぎ水飲まなあかんくらいよーさん酒呑む人が多いっちゅうコトやるなー
ちなみに他府県の蔵開きの和らぎ水はこんな感じ
いたって… 控えめ
一升瓶に入っている
氷
和らぎ水
ところで
「菊正宗」の蔵開きではステージがあります
なんかはじまるっぽい
酒
なんと!!
「菊正宗」の社員さん達による「丹波流酒造り唄」のオンステージがスタート!!

世帯ナ〜 するのかョ わしの様な 者と〜
ヤレ わしもよう お前さんの 様な ひ〜と〜と〜
ひゃー♪
たまたま 最前列を GET!!
酒→
今のは "風呂上がり唄"と 言います
昔は 夕方の仕事が終わり 風呂に入って みんなで食事をする際に お酒をもらい その時にこの唄を 歌ったんです
また この唄は ラブソングのような ものでも あります
昔蔵人は 冬の間は 蔵に泊まり込みでした
だから 故郷に残して来た 奥さんや家族、恋人を想っている そんな歌詞も あるんです
そういえば…
田舎に残して来た家族へ 酒粕を送る習慣の ようなモノがあって
灘五郷には、丹波国から丹波杜氏が多く来てたので、旧丹波国エリアでも粕汁を飲むところもあると聞きます。
それで 蔵がないエリアにも 粕汁文化圏が飛地的に あるって本で読んだコトが!!
旧丹波国
琵琶湖
京都府
丹波市
丹波篠山市
兵庫県
大阪府
灘五郷あたり
酒粕
ポンッ

――それから
日野商人の故郷
滋賀県日野町では
こんな話も
聞いたなー
琵琶湖
日野町
その昔
日野商人は
江戸の周辺の
経営が危うい蔵を
買い取ったとかなんとかで
酒蔵や醤油蔵を
やっていて
その子孫がいるからなのか
関東の
親戚が
酒粕を
送ってくれる
から
粕汁作るねん
日野の人
日野の人
うちも
ほーや
なー
――って言ってたなぁ
――しかし
なんだ…
みんな
酒が入ってるからか
よっ!!
ええぞー
ステージの
各出し物に対する反応が
すこぶるイイ☆
いや～
今日も
楽しかったなー
ガタン
ゴトン
すっかり
味をしめた私
調子をこいて
翌々週末は
←角を曲がった
先たも
まだまだ
列が!!
これまた
めっちゃ
並んでるッ
入口が
見えぬ…
「沢の鶴」
（神戸市）の
蔵開きへ!!
沢の鶴
ココは入口に
ちんどん屋さんが
居てはる
蔵によって
いろいろで
おもろいなぁ
――で、入場すると
食べ物（つまり、アテ）を
買うために
再び
長蛇すぎる列が!!
ぎゅう
ぎゅう!!
やきとり
やきそば
粕汁
どて煮
コチラは立ち呑み
スペース
うそやろーッ!?
もはや
どこが
最後尾!?

全メニュー同じ列に並ぶので長蛇…致し方なしレレ
この安さ!! ほら並ぶわなー
やきとり
きとり 2本 100円
粕汁 100円
おつまみセット 100円
豚キムチ 100円
どて煮 100円
きそば 100円
オール100円!
蔵開きは好きやけど並ぶのは基本好きやない人
は〜
めっちゃ並ぶなー かなんなー
まったくもって同感です
何言うてんねん
ピクッ
蔵開きは並ぶんがええやんか♪
おおう
蔵開きのすべてを楽しめてこそ真の呑兵衛!!
メモメモ
かっかっかっか
売り場では
焼きそばとやきとり持ってくわー
ほな私は粕汁持ってくわー
お兄さん粕汁4つちょうだい
こんな連携プレーが!!
そして会場内では
グループの人数分の粕汁をおぼんに乗せて運ぶ風景があちこちにありました
おおっ♡
ひとり一杯ずつの粕汁♡ 京阪神の人らの粕汁愛が伝わる光景やー♪
見てるだけでしあわせやー♡

いやはや「沢の鶴」(神戸市)も スゴイなー 密度ッ
もはや この光景に わくわく感すら 覚えるわ〜♥
ステージ→
立ち呑みスペース兼客席
ワィワィ
ガヤガヤ
某ラジオ局のDJが 司会をやってるけど ほぼ聞こえない(笑)
粕汁こぼすとかなんし ちょっとテーブルに 置かせてもらお
ココ 空いてます〜?
サザッ
あ どーぞ どーぞ
さて 粕汁〜♥
ほか ほか
豚肉 人参 ダイコン 油揚げ コンニャク 入り
ネギ付きは うれしいなぁ
私好みの ややドロッと系♥ それだけで もう うれしいわぁ
く〜
アルコールの香りが あんまりせーへんから よう煮込んで はるんかなー?
さっ シメに 酒呑も♥
ふつうは 酒が先やろう けども 粕汁を 一番に飲みたい ねんも〜ん
!!
熱燗 あるやん!!
3月言うても まだ寒いし 燗あるんええわー
沢の鶴
——そうそう こんな粕汁話も ありました
この日は「大関」(西宮市)の 蔵開きへ
午前中は 別の 予定が あったから 午後から 参戦!!
ダダッ
着いた!!
13時ごろ…
大関
アーチ型バルーンの門
蔵開き 2019
え゛!?

すっからかん
うそやろ⁉
粕汁
1杯200円
ご好評につき売り切れ
粕
伊藤ハムの「熟成ヱルトバイエルン」
熟成ヱルトバイエルン
他の出店はまだ販売してるのにーッ
エスフーズの「こてっちゃん」
ホルモンうどん
5月12日はこてっちゃんの日
↑どちらも、本社が「大関」と同じく西宮市
でも一番に売り切れるぐらい粕汁が愛されてるってコトやんなぁ
粕汁は尊い
ズズッ
こてっちゃんのホルモンうどんを買った
それにしても午後だというのにこの状態‼
THE・灘五郷の蔵開きや♪
大関蔵開き
人ゴミの中心部あたりに立ち呑みスペースがある
ありがとう ございました
OZEKI
――そして帰り際に見たこんな光景も
なんともほほえましく♡
きっと毎年一緒に蔵開きに来てはるんやろーなぁー

他府県の蔵開きにもいくつか行ったけれど
佐賀
京都
福岡
秋田
長野
滋賀
岐阜
三重
入場制限がかかりそうなぐらい会場に人がギュウギュウで
はちゃめちゃに陽気でにぎやかなのは
灘五郷の蔵開きならでは!!
たまに酔いすぎて転んで血を出してる人もいるけども
汗
大丈夫ですか?
だ～いじょ～ぶや～
歩けます?
スタッフさん→
そして――
こんなに各蔵が自分のトコの酒粕で作った粕汁をこぞって出し
それをお客が続々と買っていく光景は
京阪神の蔵開きだからこそ♡
ほか
ほか
灘五郷の蔵開きに行って以来
灘五郷の蔵開き行ったコトある?
めっちゃおもろいし
めっちゃうまいもんそろてんで!!
粕汁もようさんあるし♪
行った方がええで!!
タイガースの応援風景みたいなノリ?
――と周囲に語りまくってしまう今日この頃なのです

京都・伏見

ほろ酔いでめぐる伏見《ふしみ》の蔵開き

制覇なるか⁉ 一日で伏見十蔵めぐり

灘《なだ》五郷《ごごう》と並び、関西の二大酒どころである伏見。「灘の男酒《おとこざけ》」「伏見の女酒《おんなざけ》」といわれるように、やわらかな伏水《ふしみ》で作られる伏見の酒はまろやかで口当たりがよい。その伏見でも、もちろん蔵開きがある。しかも、伏見の全二十二蔵のうち十蔵[※1]が同日に開催し、客は一日で十蔵回るという偉業を果たさねばならない。いや、別に全蔵回る必要はないが、せっかくだから回らねばもったいない。しかも、イベントチラシのマップには「あったか粕汁」アイコンがあり、当日、粕汁が食べられる場所が記されている。さすが、京阪神の蔵開き。粕汁に惹かれる人がいるからこそ粕汁アイコンを作る、その心意気が憎い。粕汁アイコン以外にも、各蔵の紹介文内に粕汁を出すと書いている蔵もある。これは、食べ尽くさない

※1 2019年の参加蔵は、黄桜、北川本家、キンシ正宗、月桂冠、齊藤酒造、招徳酒造、宝酒造、玉乃光酒造、増田德兵衛商店、山本本家。

かんやろ！

二〇一九年三月下旬の朝九時。京阪丹波橋《たんばばし》駅に降り立つ。十蔵制覇するには開始時刻きっかりにスタートせねばと意気込んでやってきた。私と同じ考えの人達なのか、同じ駅で降り、同じ方向に歩いて行く人がちらほらと。「同志よ！」と、勝手に念で呼びかけた。伏見の酒は明治二十二年の東海道線開通と共に有名になったが、実は、中小の酒蔵が多いため、首都圏で伏見の様々な酒に出会うコトは何気に難しい。それらを一気に味わえる本日の蔵開きは、ある意味貴重だ。

私がスタート地点に選んだのは全量純米酒で知られる蔵元「玉乃光《たまのひかり》酒造」。灘五郷の蔵開きに比べると、少々こじんまりしたスペースだ。が、蔵の半屋外のスペースには、プラスチックの酒ケースを積み上げて作られたいくつもの立ち呑み用テーブルが並び、その周りには、まだ朝の九時台だというのに、すでに人がいっぱい。各自、出店している屋台のアテをいくつかと、試飲して気に入った酒を片手に語らっている。私はもちろん、まず粕汁だ。「玉乃光」の直営ではないが「酒蔵 玉乃光」※2という、「玉乃光酒造」の日本酒を全種類

※2　2019年秋頃閉業。

扱っている居酒屋が粕汁を出していた。「玉乃光」の純米大吟醸の酒粕使用だ。粕汁の具は豚肉か野菜のみが多い京都では珍しく、ほぐした鮭が入っている。魚臭さはまったくなく食べやすい。口あたりはサラッと系だが、酒粕の味と香りはちゃんと活きている。味付けは味噌か醤油だろうか？ 汁の色にほんのり味噌色がうかがえる。そして、粕汁には必須の短冊切りの大根と人参。一日粕汁（と酒）を食べ歩くため、朝ごはんを抜いた空きっ腹に温かでやさしい粕汁が満たされていく。

屋台は、各蔵が仲よくしている店や企業が出店しているのは灘五郷と同じだが、肉推しだった灘五郷と比べ、おばんざい文化の京都はお野菜のアテが多いのもうれしい。フキやレンコン、葉物の炊いたんや、カボチャのサラダなど、ほっとする品々。さらに、「玉乃光」の酒粕を使ったスコーンやマフィンを販売している店や、「玉乃光」の甘酒を使ったジェラート屋まで。これは、酒が飲めない人でも楽しめてしまうラインナップではないか。ミニステージでは、地元の和太鼓チームや大学のフラガール部などの発表会もあり、さながら町の文化祭。だからか、ファミリー層も多い。大人も子どもも、呑める人も呑めない人も楽しめる蔵開き。最高やな！ だが、ステージをすべて観ていては、私の本日のミッションは果たせない。試飲のお酒を頂き（それは必須）、手持ちタンク何個分も用意されていた和らぎ水も頂き、いざ、次の蔵元へ。呑んで食べた後に、軽く散歩をしながら移動する。これは、よき酔い覚ましだ。

粕汁はつづくよ、どこまでも

カッパのイラストの蔵元といえば「黄桜《きざくら》」だ。直営店の「黄桜カッパカントリー」の中庭が会場となっており、すでにほろ酔いのお客さんがいっぱい。陽気な笑い声が溢れる。ココの粕汁の味付けには、なんと、みりんを入れるのだと販売員さんが教えてくれた。私が知らへんだけで、各家庭でも、みりんも入れるんやろか？その他にも、白味噌と薄口醤油を入れるそう。コチラもサラッと系だけど酒粕の味と香りはしっかりと。もちろん、「黄桜」の酒粕使用だ。具は大根、人参、コンニャク、油揚げ、ネギとオーソドックス。気になるみりんの味はせず、気持ち程度入れる感じなのか？今度、自宅でもみりん入り粕汁を作ってみなければと心のメモに書き留める。酒粕に四日間漬け込んで揚げたという鶏の唐揚げとクリームチーズの酒粕漬けをアテに一杯ひっかけ、どんどん次へと進むべし。

「神聖《しんせい》」の銘柄で知られる「山本本家《やまもとほんけ》」は、「蔵ジャズフェスティバル～酒を利きJAZZに酔う～」というイベントを室内でされていた。なんとおしゃれな。「山本本家」では、直営店である「京都・伏見神聖酒蔵 鳥せい本店」が粕汁を出していた。が、「鳥せい」の系列店である「鳥せゑ蛸薬師《たこやくし》店」のランチで、以前に粕汁を食べたコトがあるので、今回は胃袋の許容量を考慮してスルー（すんません）。ちなみに、鶏の串焼きが売りの「鳥せゑ」なので、メイン具材は、粕汁としては変わり種の鶏肉だ。酒粕の味を意外にも邪魔せずに合う。これも家で試してみなければ。「山本本家」の道向かいには日本酒レストラン「月の蔵人《くらびと》」がある。「月桂冠《げっけいかん》」の蔵を改装した店だ。店前では絶賛粕汁販売中である。必然と粕汁の酒粕は「月桂冠」のモノ。私好みのドロッと系の粕汁。色も白さが際立っていて見目麗しい。メイン具材は豚肉。〝THE京滋《けいじ》の粕汁〟だ。和出汁と豚肉は、なんでこんなに粕汁との相性が良いのか？

粕汁三杯。それに、各蔵で酒を呑んだら、さすがに腹が苦しい。が、まだ半分も回っていない。急げ急げ、はよ回らねば、目的の粕汁自体が完売してまう。灘五郷の「大関《おおぜき》」の蔵開きの際、午後に行ったら粕汁がすでに完売だったという残念極まりない経験が尾を引

「伏見まるごと博物館：粕汁プロジェクト」というメンバーが作成した冊子『ふしみの粕汁』では、粕汁に入れる具材のアンケートを取っている。150人中81人は豚肉、41人は鮭、そして、32人は鶏肉と答えていてビックリ!!

おこぶ北清の 鶏肉入り粕汁

いている。私にとって「蔵開き＝蔵元の粕汁めぐり」なのだ。

てくてくと十分ほど歩き「北川本家《きたがわほんけ》」に来た。銘柄は「富翁《とみおう》」。ココでは、伏見の「おこぶ北清《きたせ》」が粕汁を出していた。

「北清」は、出汁料理の飲食店も併設している昆布専門店だ。京都の出汁といえば、昆布は欠かせない。昆布出汁は軟水の方が美味しく引け、軟水の京都にはぴったりなのだそう。しかも、今日は利尻《りしり》昆布を使っているとのコト。コレはもう、出汁から高級感満載粕汁！島好きの私は利尻島《りしりとう》にも礼《れ》文島《ぶんどう》にも行ったコトがある。かつて、そこで買った昆布で風呂吹き大根を炊き、その残った汁で粕汁を作った。アレは自分作史上最高の粕汁だった。粕汁の味を決めるのに、昆布の美味さはめちゃくちゃ大事だと声を大にして言いたい。サラッとトドロッとの間のトロッと系の粕汁。メイン具材が鶏なのには驚いた。てっきり京都で粕汁に鶏を入れるのは「鳥せゑ」だけかと思っていたからだ。もしや、伏見は鶏入り粕汁派もそれなりにいるのやも？

初春の青空に川沿いの土手の小さな黄色い花が映える。その向こうには、木造の趣ある建物と赤煉瓦造りの倉庫と煙突が美しい「松本《まつもと》酒造」が見える。今回の蔵開きに参加されておらず、外からしか姿を拝めないが、それだけでも十分なほど。近代化産業遺産群にも認定されている。それを横目に東高瀬川《ひがしたかせがわ》を渡ると「英勲《えいくん》」の銘柄で知られる「齊藤《さいとう》酒造」が現れる。ココは今回、粕汁出店はないのだが、「英勲」の酒粕は粕汁にすると至極美味しかったので、酒粕を買いに訪れた。ちょうどお昼時。蔵の表には、人がぎゅうぎゅう。そんな脇で、脚立にぶら下げた緑の丸い塊をせっせとセットしているおっちゃん達がいた。下に敷かれたブルーのビニールシートには杉の葉がほろほろと絨毯《じゅうたん》のようになっている。

そう、杉玉《すぎだま》を実演販売中なのだ。酒蔵が「新酒ができましたよ」の印に玄関に飾るアレである。もちろん、手で持てる程度のミニサイズ。歩き回る日でなければ購入していたに違いない。

さて。本来なら全蔵回りたいので、ココから片道徒歩二十五分ほど離れた「宝《たから》酒造」と「増《ます》田《だ》徳《とく》兵《べ》衛《え》商店」へも行きたいが、粕汁で膨れた腹がさらに重くなってきた。この二蔵は泣く泣く断念し、「招徳《しょうとく》酒造」へと向かう。時間は十三時を回りつつ

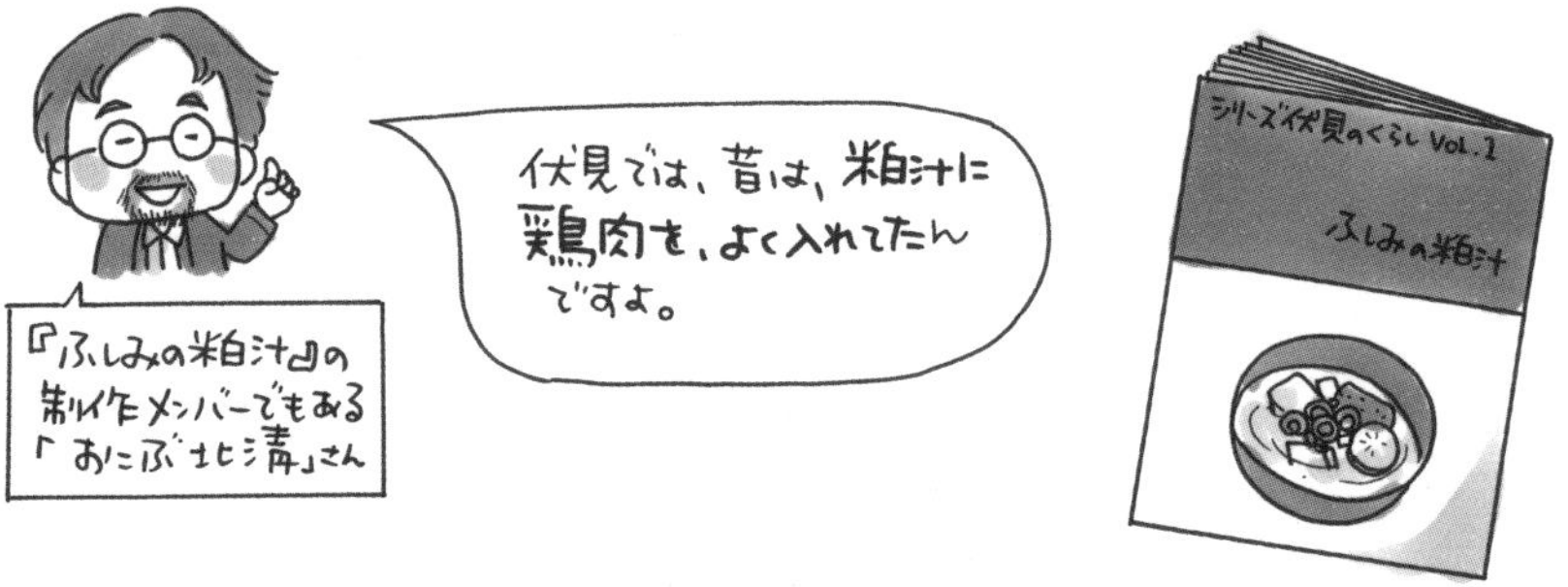
伏見では、昔は、粕汁に鶏肉を、よく入れてたんですよ。
『ふしみの粕汁』の制作メンバーでもある「おにぶ北清」さん
シリーズ伏見のくらし Vol.1
ふしみの粕汁

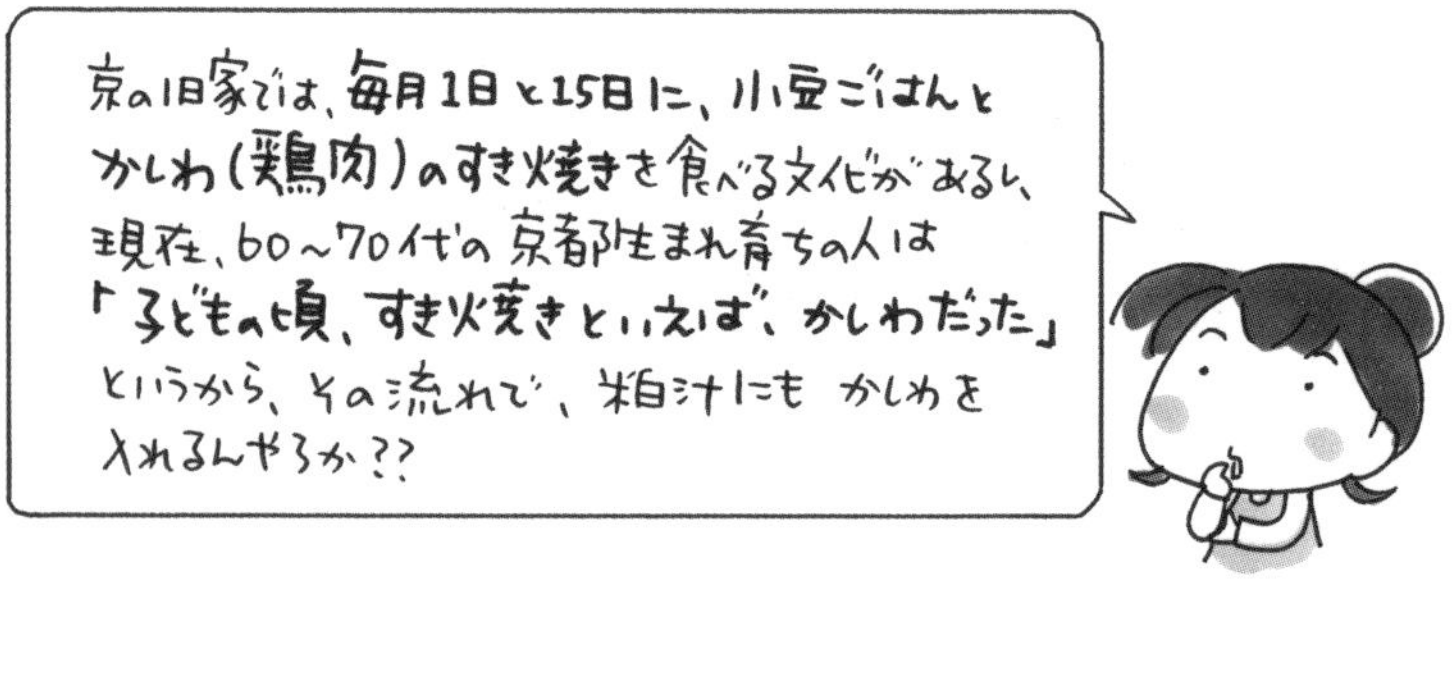
京の旧家では、毎月1日と15日に、小豆ごはんとかしわ（鶏肉）のすき焼きを食べる文化があるし、現在、60～70代の京都生まれ育ちの人は「子どもの頃、すき焼きといえば、かしわだった」というから、その流れで、粕汁にもかしわを入れるんやろか？？

あった。ヤバイ、ヤバイ、粕汁が完売するまでに辿り着かねば！　もはや、「走れメロス」ならぬ「走れ粕汁」だ。

伏見の人は、詰め込むのがお好き？

「招徳酒造」は完全屋外で、なんだか雰囲気がぷちマルシェのよう。「招徳」の酒粕を使って粕汁を出していたのは「伏見蔵 烏丸《からすま》別邸」[※3]。トロッと系で、具材は大根、人参、油揚げ、コンニャク、ちくわという定番と、特記すべきは分厚いレンコン。白い粕汁の中にゴロリとした存在感と食べ応え。「根菜たっぷり粕汁」とうたうだけはある。レンコンは自宅の粕汁に入れたコトあらへんけど、たまの特別な日には入れてみよかな？「招徳酒造」には特記すべき事項が、まだあった。「酒粕つかみどり五百円」[※4]！　しかも、蔵から酒粕が山盛り過ぎるほど次々と出てくるので、丸く浅く大きな入れ物の中でつかみ取りしやすいよう、スタッフさんがスコップ（もちろん新品）で崩しているという、謎な光景が目の前に。スコップが必要なほどの分厚い酒粕。まるで、雪国の屋根に降り積もった雪のよう。その横では「梅酒の梅つかみどり百円」[※5]というコーナーも。値段設定を間違ってなかろうか？

※3　2023年9月現在閉業。

※4・5　2023年6月現在、つかみ取りはされていない。

酒粕と同じ大きさの丸い容器内に梅酒のあま〜い香り漂うクシュクシュとした梅がゴロゴロ積まれている。梅も酒粕もジップロック特大サイズに収まり蓋ができたらオーケーなんだそう。欲しい気持ちをグッと抑え、最後の蔵元へと向かう私。荷物が増えると歩いての移動が大変なのだ。なぜ、全蔵同日開催なのか。日を分散してくれたら、各蔵のモノをいろいろ買えるのに。残念無念。

蔵開きも終焉時間に近づいて来た十五時過ぎ。ラスト蔵は「キンシ正宗《まさむね》」だ。粕汁を販売していないかと会場内をウロついていたら、奥の方に、生成り地に黒字で大きく「占」と記された店頭幕が張られていた。横にノートパソコンを広げた中年のおっちゃんが座っている。「高島易断鑑定所《たかしまえきだんかんていしょ》」だそう。代金はおっちゃんに支払うのではなく、「キンシ正宗」の酒を自分自身（つまり、私）用に一本以上購入すればよいという謎会計。「ココの社長にはお世話になってるから、酒買うてもろたらそれでええねん」だそうだ。本名に一文字足して変えた方がよいなど、アドバイスをもらっている間に、チェックしていた「酒粕豆乳鍋」が売り切れてしまった。やはり、本名を変えた方がええんやろか？　が、「UDON《ウドン》MAIN《メーン》」が出していた「酒粕うどん」はラスト数杯あるという。今の本名のままでもそ

UDON MAINの 酒粕うどん×スパイス

スパイスと酒粕は、とっても相性が良い♪
スパイスが酒粕の旨味を増してくれる。

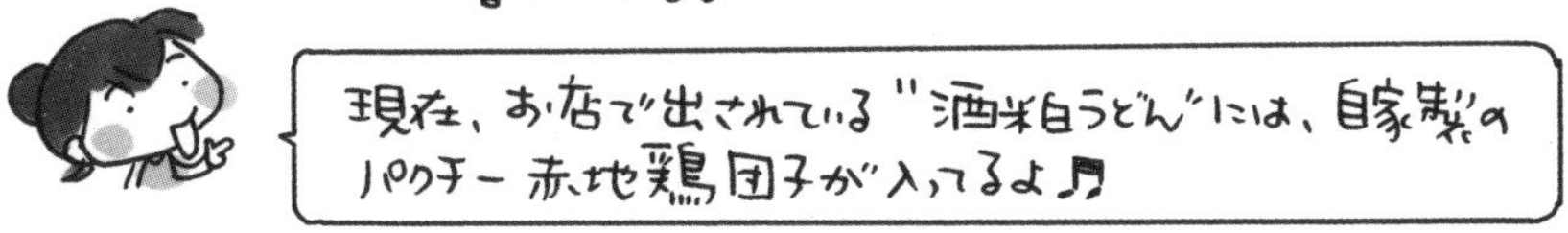
現在、お店で出されている"酒粕うどん"には、自家製のパクチー赤地鶏団子が入ってるよ♪

れなりに運はよいかもしれない。

世界のスパイスと京都の出汁とうどんの様々な組み合わせを楽しめるこのお店は、京都三条に実店舗がある。和出汁のうどんと酒粕は相性が良いコトは京都ではすでにお墨付きだ。昔ながらの京都のうどん屋でも、冬には粕汁うどんが出る店もある。そんな粕汁うどんの薬味として世界のスパイスが投入される。白い粕汁とうどんの上にパラパラと散らされたブラックペッパーと花椒《ホアジャオ》。大根、人参、ネギ、そして、純米吟醸酒粕を使ったほんわか出汁の粕汁に異国の味がピリリとよい働きをする。今度、家で眠っている花椒を粕汁にかけてみよ。粕汁をめぐると、自宅で気軽に試せそうなアレンジも多く、ウキウキは増し増し、家の残りモノは減り減り。一石何鳥もお得なコトこの上なし。さすが、あまりモノを食べ尽くす骨正月を機に生まれたといわれる粕汁だけはある。

会場内のミニステージでは、終焉に向けて何やら大盛りあがりでマジックショーが行われている。観客の大人たちは、一日中しこたま酒を呑み、かなりできあがり、ただただ楽しい世界の住人と化している。子どもたちは、純粋にショーを見て笑い転げている。もちろん私も、箸が転んでもおかしい世代に戻ったかのように、コロコロケタケタ状態。笑顔を産み出す酒の力は素晴らしい。

いやはや、合計八蔵の粕汁と酒をよく食って呑んだ。できるなら、二〜三蔵ずつ日を分けての開催を切に所望する。なにぶん、胃が足りない。帰りは、京阪伏見桃山《ふしみももやま》駅前の商店街をぶらぶらして帰ろうと思ったら……なんですのん⁉ 伏見の人はとことん詰め放題が好きなのか。駅から少し離れた小さな、でも趣のある納屋町《なやまち》商店街のアーケードで「本日16

時から21時まで〝伏見なやまち 春の夜の酒祭り〟開催」というチラシが。狭いアーケードには、すでに人が押し寄せて、各店の前に即席の机と椅子が並ぶ。そして各店、何やらアテらしき臨時メニューを出している。食べたい呑みたいと私の脳みそは訴える。が、内臓達はみなギブアップである。

詰め放題が過ぎる伏見の蔵開き。今度は、胃のキャパを増やして挑みたい。

松島が粕汁を飲んだ蔵開きリスト

近畿

店名	住所	TEL	営業時間	定休日
木下酒造 ※備考：丹後天酒まつりにて粕汁提供（詳しくは要問い合せ）。	京都府京丹後市久美浜町甲山1512	0772-82-0071	9:00〜17:00	1月1日
松島の感想	味噌汁にコク程度な感じの粕汁。粕汁苦手さんでも美味しく飲める。			
かくれ蔵 藤居 **（藤居本家）**	滋賀県愛知郡愛荘町長野601	0749-42-3048	12:00〜14:00（ご予約時のみ営業）、17:00〜20:00（金・土曜は〜22:00）	水曜
松島の感想	豚肉入りで具だくさんのサラッと系粕汁。松島が訪れた年は、鮒《ふな》ずし・エビ豆・丁字麩《ちょうじふ》の辛子酢味噌和えなど、滋賀県の郷土食も販売されていて滋賀味満載だった。			
若戎酒造	三重県伊賀市阿保1317	0595-52-1153（若戎蔵元ショップは0595-52-0006、若戎 吟醸館は0595-52-1153）	8:30〜17:30（若戎蔵元ショップは9:00〜、若戎 吟醸館は9:00〜12:00、13:00〜16:00 ※要予約）	月・土・日曜（若戎蔵元ショップは水・木・祝日、若戎 吟醸館は土日祝）
松島の感想	白菜入り粕汁。酒粕より味噌が多めの印象。京阪神では、具に白菜が入るコトが少ないので、珍しい一品。			

各蔵の蔵開き日程は
毎年変動するので
各蔵元へお問い合わせ
ください。

蔵開きで粕汁を出す蔵は、京阪神以外にもある。松島が実際に蔵開きで粕汁を食べた蔵を、粕汁感想と共にご紹介。関西圏以外の土地の人々の粕汁愛は、関西圏のソレに比べていたって控えめ。

全国

店名	住所	TEL	営業時間	定休日
木村酒造	秋田県湯沢市田町2-1-11	0183-73-3155	9:00～16:30	土・日曜、祝日
松島の感想	味付けや具材、酒粕の濃さも京阪神の粕汁とよく似ている。サラッと系。			
神渡 醸造元 豊島屋	長野県岡谷市本町3-9-1	0266-23-3515	8:30～17:30	土・日曜、祝日（12月は日曜、祝日）
松島の感想	ちょっぴり甘めでまろやかな野菜の粕汁。ジャガイモ入りだったのが印象的。			
黒澤酒造	長野県南佐久郡佐久穂町穂積1400	0267-88-2002	8:00～17:00	土・日曜、祝日（酒の資料館・ショップは年末年始）
松島の感想	なんと、信州《しんしゅう》サーモン出汁の粕汁。エノキとシメジが入っていたのが、なんだか長野県っぽいと感じるのは私だけ？			
杉能舎（浜地酒造）	福岡県福岡市西区元岡1442	092-806-1186	酒蔵売店9:00～18:00、パン酵房・ビール工房10:00～16:00（土日祝は～17:00）	1月1日～3日（パン酵房・ビール工房は月曜）
松島の感想	コク程度に極少量の酒粕が入っている感じ。味噌汁感覚で飲める粕汁。			
鳴滝酒造	佐賀県唐津市神田3272-1	0955-74-3125	8:30～17:30	日曜、祝日（4月～9月は土日祝）
松島の感想	豚肉入りの京滋《けいじ》の粕汁とまったく同じ。サラッと系。			

松島が粕汁を飲んだ蔵元併設スポット

店名	住所	TEL	営業時間	定休日
店内で粕汁が食べられる				
蔵の料亭 さかばやし	兵庫県神戸市東灘区御影塚町1-8-17	078-841-2612	昼の部11:30～15:00、夜の部17:30～21:00、呑みの部（土日祝のみ）14:30～17:00	水曜 （臨時休業あり）
松島の感想	訪れた時は、須磨海苔《すまのり》仕立ての粕汁。煮込まずに後から乗せた塩鮭が粕汁の味を引き立てていた。			

粕汁のおみやげが購入できる				
清流ガーデン 澤乃井園 （小澤酒造）	東京都青梅市沢井2-770	0428-78-8210	10:00～17:00	月曜 （祝日の場合は火曜）
松島の感想	豚汁に酒粕がコク程度に入っているフリーズドライ商品。豚汁感覚で飲めるので、粕汁苦手さんでも大丈夫。			

4杯目

お寺さん・お宮さんの粕汁

奈良

何事もま～るくおさめる祝い大根のま～るい粕汁（菩提《ぼだい》酛《もと》清酒祭）

五百年前の酒造り

清酒発祥の地といわれる奈良県奈良市の「正暦寺《しょうりゃくじ》」。一月初旬に「菩提酛《ぼだいもと》清酒祭」という行事が行われる。しかも、当日は粕汁も出るらしい。清酒発祥の地で粕汁を頂くなど、夢のようではないか！

「正暦寺」が建立されたのは九九二年の平安時代。当時の寺院は政府の資金で運用されていた。が、戦乱の世になり資金が不足し、各寺院は自ら資金調達のために酒造りをはじめた。その酒は僧坊酒《そうぼうしゅ》と呼ばれ、荘園《しょうえん》※1で作った米を原料にしていたのだとか。それまでの酒は、今のどぶろくのように濁っていたが、それを布で漉《こ》して透明な酒にし、「スミザケ」と

※1　古代～中世に、寺社や貴族が収入を得るために所有した農地とその周辺の山のコト。

呼んだそう。それが清酒の誕生だ。「正暦寺」が清酒を十五世紀末に販売していた記録が残っているため「清酒発祥の地」となったようである。また、「正暦寺」が他の寺院と違っていたのは「菩提酛」という酒母《しゅぼ》※2の原型を作っていたから。その菩提酛造りは約五百年の時を経て、一九九九年から「正暦寺」と奈良県内の蔵元※3が一緒になり復活させ、「菩提酛清酒祭」と称して公開菩提酛造りが行われている。

菩提酛造りは「そやし水《みず》」という乳酸性水を使う。奈良県産の生米「ヒノヒカリ」と境内を流れる菩提仙川《ぼだいせんがわ》の水で作るのだ。両者をあわせてタンクに二日間入れておくと、「正暦寺」内に常在している乳酸菌の働きで酸っぱい上澄みができる。それが、そやし水。実際に、住職さんがそやし水を見学者に見せてくれた。鼻を近づけると、乳酸菌による酸っぱさとさわやかな香りがする透き通った水だった。また、菩提酛が他の酒母と大きく違う点は「暖かい時期でも酒を造れる」コト。ちなみに、酒を寒い時期に造るようになったのは江戸時代からだ。

そやし水の下に残った米は蒸す。「菩提酛」と書かれた大きな木桶に入れられ、蒸気が溜まってくると、木桶に覆い被さった布がプク～とドーム状に膨らむ。ちょっぴり乳酸菌を

※2　酒母とは、日本酒の元となる液体。蒸米、麹《こうじ》、酵母、水、乳酸で作られる。

※3　2023年6月現在参加している蔵元は、今西《いまにし》酒造、上田《うえだ》酒造、葛城《かつらぎ》酒造、菊司《きくつかさ》醸造、北岡《きたおか》本店、倉本《くらもと》酒造、油長《ゆちょう》酒造。

菩提酛造り

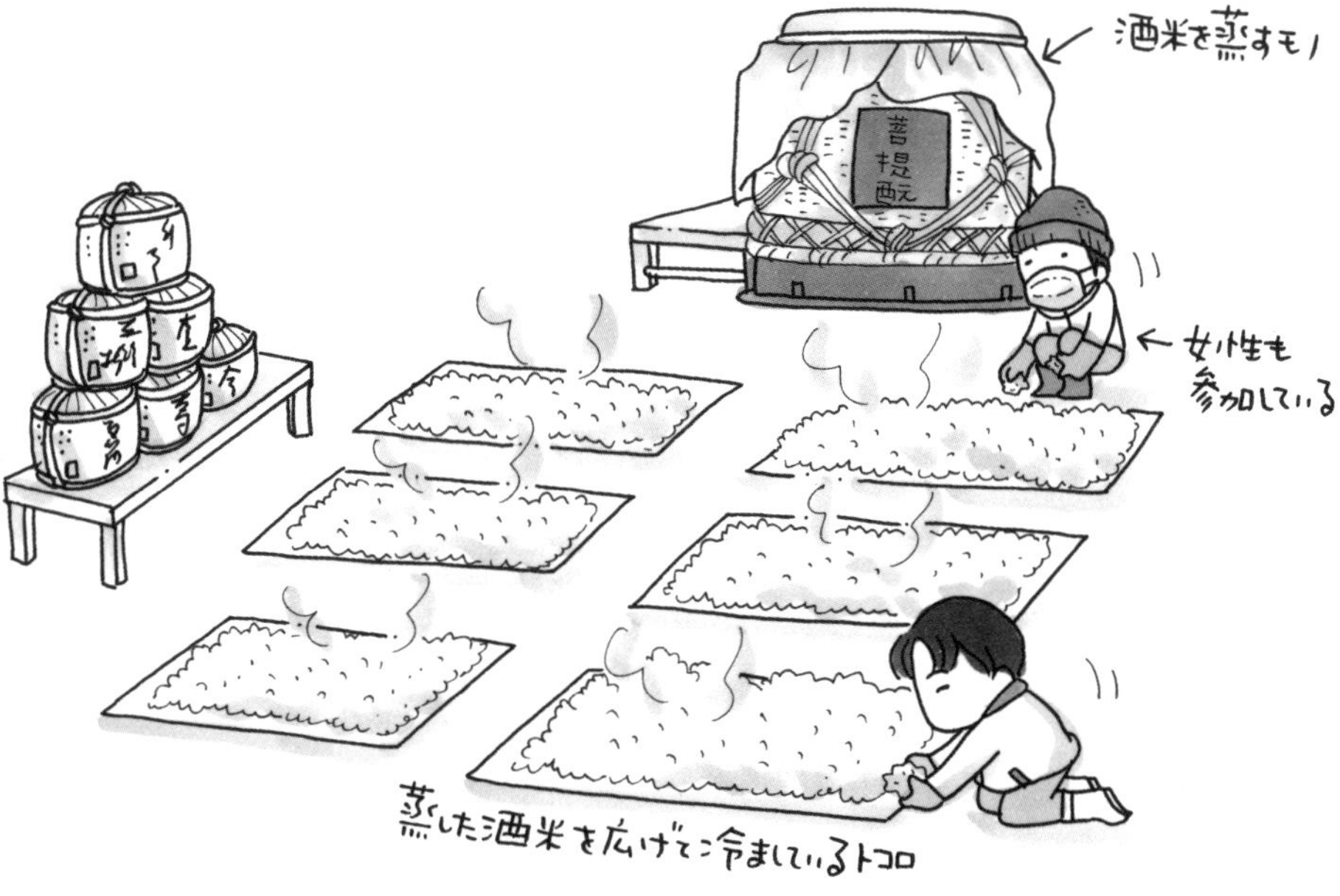
酒米を蒸すモノ
菩提酛
女性も参加している
蒸した酒米を広げて冷ましているトコロ

含んだ香りがほかほかの湯気とともに、次第に山の中の境内に漂う。

正月だけのレアなアレ・・

「みなさん、米が蒸しあがるまで、あちらでお酒の試飲も用意しておりますんで、そちらも、どうぞ」

室町時代に行われていたであろう菩提酛造りを見学できるだけでも貴重すぎる体験なのに、そんな垂涎《すいぜん》モノまで用意されているなんて、ココは極楽浄土か！

白いテント内に、菩提酛造りに参加している七蔵のお酒[※4]がズラリと並ぶ。訪れたみなさん、さすがの酒好き。色々試すので、なかなか列が進まない。そんな光景も一興。気に入った酒はすぐ隣のテントで購入可能というのも嬉しい。「清酒発祥の地」の石碑近くでは、大きな業務用の鍋にクックッと煮える白いやつが！　そう、粕汁[※5]である。「菩提酛を使った酒の酒粕の粕汁」と粕汁担当のおばちゃん談。これまた貴重な。この場は貴重すぎるもので溢れ過ぎている。

冬晴れとはいえ、一月の午前中の山寺は冷える。吐息も白い。そこで手にするほかほか

※4・5　2023年6月現在は試飲も粕汁も有料。

の粕汁。これぞ、まさしく正しい関西の冬。その尊い粕汁は、酒粕の量は少なめで口当たりはサラっと系で味わいはマイルド。味付けは味噌ではなく醤油でされているそうだが、汁の白さはキープされている。寒さのあまり、温かいうちに具よりも汁をすする。と、少なくなった汁の合間から丸く小さな白い物体が現れた。思わず、目を見張る。コレは、もしや、噂のアレでは!?

「〝祝い大根〟です。奈良のお雑煮は、なんでも物事が丸くおさまりますようにという意味で、具は全部丸くするん。祝い大根は細いから、そのまま輪切り。ちくわも輪切り。小芋は切らずに丸いまんま入れるん」と、粕汁担当のおばちゃんが教えてくれた。家庭円満、夫婦円満などの意味が込められているコトから「祝い大根」という名が付いたといわれる。雑煮用にしか出回らず、市場に出るのが十二月下旬の数日間と聞いていたので、年明けに出会うとは、うれしい奇跡。「まだ、正月（松の内）[※6]やでな」と、おばちゃんが笑顔で粕汁をもう一杯よそってくれた。ああ、心がま〜るくなっていく気がする。

そして、奈良といえば、忘れてはいけない「奈良漬け」がある。会場では菩提酛で作った酒の酒粕を使った「菩提酛奈良漬け」が売られていた。濃い目の味で酒味が染み染みの

※6　関西は1月15日までが松の内。

菩提酛清酒祭の 祝い大根のま〜るい粕汁

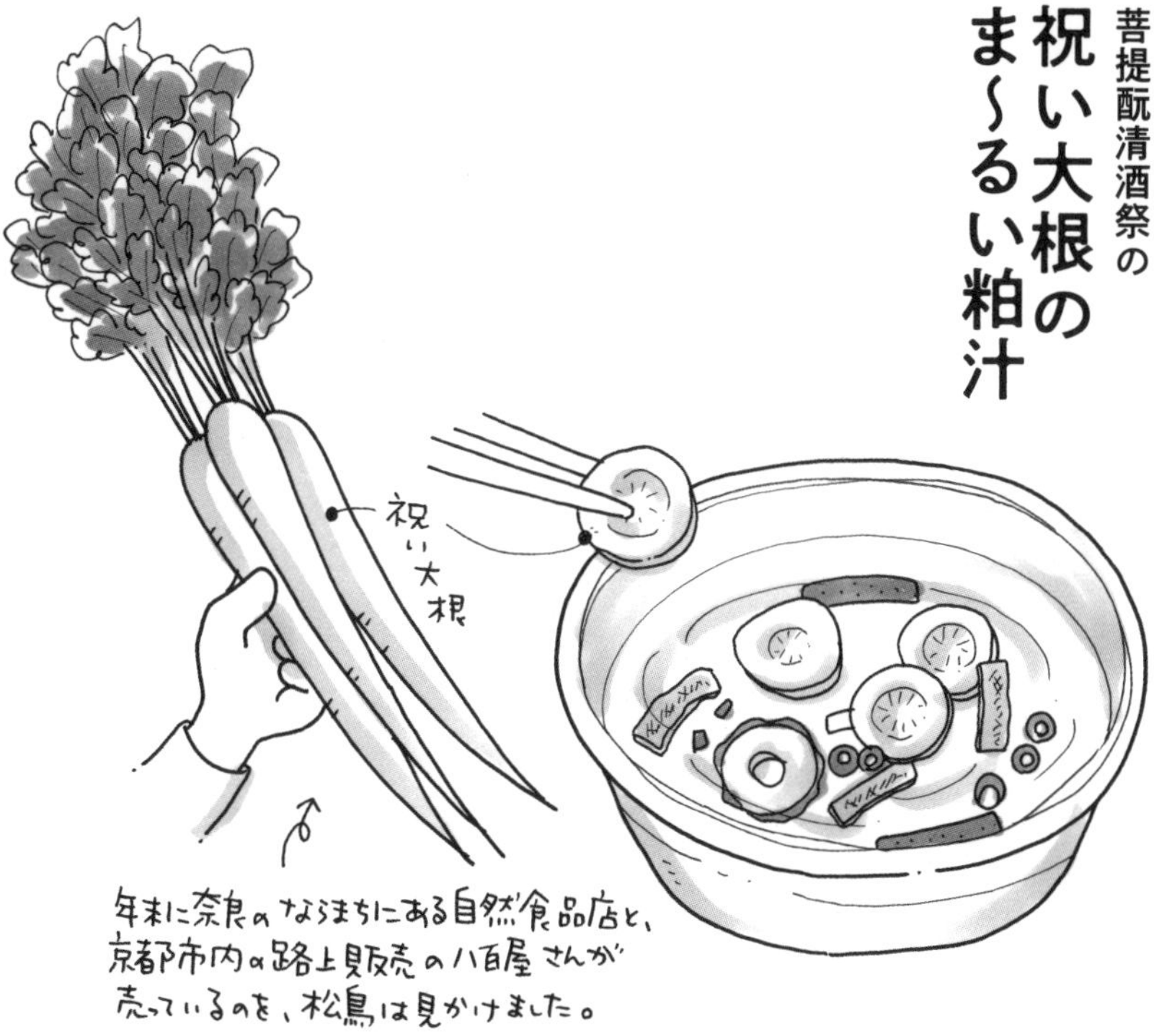
祝い大根
年末に奈良のならまちにある自然食品店と、
京都市内の路上販売の八百屋さんが
売っているのを、松島は見かけました。

逸品。幼い頃、おばあちゃんが作ってくれた奈良漬けが思い出される。私は、おばあちゃんの酒味の濃い奈良漬けが大好物だった。奈良漬けの周りには、粕床《かすどこ》の残りが付いている。私は、コレで粕汁を作るのも好きだ。もちろん、この貴重な逸品の粕床も粕汁にした。これがなんとも素晴らしい。やさしい甘さに、まろやかな酒粕の味。あの粕汁をもう一度味わいたいと、私の舌と胃が所望してやまない。

粕汁の発祥地は確かな記録などはない。が、奈良漬けに関しては奈良が発祥地だ。『万葉集』の山上憶良《やまのうえのおくら》の歌に「糟湯酒《かすゆざけ》」というモノが出てくる。アルコール度数が高いドロッとした液体を湯で薄めたモノで、当時の庶民の安い酒だったよう。この「糟」が酒粕の原型といわれている。その後、大工技術が向上し、酒造り道具が瓶から木桶になり、清酒が生まれる頃、固形状の酒粕もできたそう。これが奈良で誕生し、粕だけれど「奈良酒」と呼ばれたという。それに瓜を漬けて作られたのが奈良漬けというわけだ。

菩提酛造り・酒・粕汁・奈良漬け。酒好きがときめくモノをたんまりと堪能できる菩提酛清酒祭。そこはまるで、酒好きのための極楽浄土であった。

京都

京都のお寺さんの粕汁参り

隠し味は鶏ガラスープの素

関西人に「世界中で一番美味しいのは、どこの粕汁?」と聞けば、こう答える人が多いのではなかろうか?

「おかんの粕汁が、いっちゃん美味い♪」

粕汁は、関西の冬の郷土料理にしてソウルフード。そして、家庭料理でもある。もちろん私も、いっちゃん美味いのはおかんの粕汁だ。冬に帰省すると、必ず晩ごはんに登場する。そんな、店では食えぬおかんの味を、粕汁未経験者でも気軽に味わえる場所がある。

それは、京都の冬のお寺だ。言わずと知れたお寺の密集地である京都。日々あちこちの寺院で何かしら行事が行われている。冬もしかり。そんな冬の行事のお接待で出されるのが、

檀家《だんか》さん達が作る粕汁だ。※1

「ココの粕汁を、三十二年間、ずっと作ってるんよ。おばちゃん、もう、八十八歳やで〜」

米寿とは思えぬちゃきちゃきテンションで、ちょこちょこ動きまくる小柄なおばあちゃんを中心に檀家のお母さん十人ほどが、訪れる参拝客に粕汁を手渡している。中で煌々《こうこう》と火が燃えるドラム缶の上に大きな打ち出し鍋を置き、おたまでぐぅるぐぅると粕汁を交互にかき回すおばちゃん達。各自、思い思いの色と柄の割烹着を着ていてカラフルだ。

ココは、京都五条《ごじょう》にある「上徳寺《じょうとくじ》」。子宝に恵まれる世継地蔵尊《よつぎじぞうそん》として有名だ。毎年二月八日は「世継地蔵尊功徳日大祭《くどくびたいさい》」であり、この日に参拝すると一億日の功徳があるという。

ココの粕汁が、これまた実に美味い！　うちのおかんの粕汁の次に美味い（↑そこは譲れない）。美味い粕汁に出会うと思わず質問してしまう。

「めっちゃ美味しいです！　出汁はなにで取ってはって、酒粕はどこの（蔵元のを）使ってはるんですか？」

粕汁の美味さを左右する二大ポイントだ。

「めちゃくちゃ美味しいやって！　嬉しいわぁ。もう一杯食べてって〜」

八十八歳のおばあちゃんが、まんまる笑顔でキャッキャッと他のお母さん達に伝えてく

※1　粕汁接待がないお寺もある。

京都「世継地蔵尊功徳日大祭」
粕汁×ドラム缶
お寺のお坊さんも参加
お参りした人たちは ほとんど飲むので
ものすごい量の粕汁を作ります。
そんな時、お寺さんでは
特大サイズの鍋をドラム缶に乗せて
コンロ代わりにする。

れる。肝心の出汁は、出汁じゃこ、昆布、鶏ガラスープの素を前夜から鍋に入れて取るとのコト。「鶏ガラは、ええ出汁出るで」と、別のおばちゃんが教えてくれた。酒粕は地元京都の蔵元「玉乃光酒造」のだそう。「玉乃光」は全量純米蔵である。どおりで粕汁が美味いはず。純米酒の酒粕で作る粕汁は、酒粕を多めに入れてドロッと系に仕上げてもまろやかな味だと私は思う。ココの粕汁は酒粕多めのちょっとドロッと系。出汁と酒粕の味がじんわりと口の中に広がる口福感。具は大根、人参、油揚げ、小ネギとシンプル。京滋《けいじ》の粕汁は、やはりコレに尽きる。お接待場所の座席は超満席！目の前に座っている参拝客のおばちゃん達の会話が耳に入ってくる。

「寒なると粕汁すんねん！」

「うちは、あんまりせえへんわ〜」

「粕あるで、あげるわ」

関西では、こんな風に酒粕は仲間内での冬の頂きモノのひとつでもあり、ゆえに、家で粕汁を作る機会が増えるのだ。

舌と心で記憶する粕汁

伏見区にある「法界寺《ほうかいじ》」の「裸踊り」のお接待にも檀家のお母さん達が作る粕汁が登場する。小正月前夜の一月十四日。五穀豊穣などを祈るお寺の正月行事「修正会《しゅうしょうえ》法要」の最終日の行事として行われる裸踊り。男たち十人ほどが白い下帯《したおび》（＝ふんどし）いっちょで冷水を浴びた後、お堂にあがり「チョーライ（頂礼）！チョーライ！」と叫びながら、おしくらまんじゅうのように互いの体をぶつけ合う。寒すぎる気温に擦れ合う互いの肌の間から白い湯気が立ち上る。

「粕汁どうですか〜？あったまっていってください。おかわりもありますよ〜」

山門をくぐると、ふわぁと酒粕の香りに包まれる。寺務所前に建てられたテント内で、お母さん達が大きな鍋に入った粕汁をかき混ぜながら、訪れる人たちに声をかけている。コチラも鍋の下は大きな丸いドラム缶。何気に、屋外の粕汁作りの必需品だ。さっそく、一杯頂く。正月だからか、赤い金時《きんとき》人参が白い粕汁の合間から顔を覗かせる。大根、ゴボウ、油揚げ入りのサラッと系。欧米の方と思われるカップルが来て、粕汁をもらっていた。「海外の人の口にも粕汁は合うやろか？」と、気になったが、二人とも顔をしかめるコトもなく平らげていた。「世界に広まれ粕汁の輪」と、にんまりしつつ心のなかで叫んでしまった。

さて、裸踊りは少年の部と成人の部がある。真っ暗な空からちらほらと白い雪が舞い始める極寒のなか、小学生男子達が下帯いっちょで「チョーライ！」と言う姿に「ああ、風邪ひいてまう〜」と他人事ながらにも心配になる。その少年達も、成人の部が始まる頃には、ふかふかの防寒着を着こみ、テント内でほかほかの粕汁をすすっていた。冷え切った体に、ほかほかの粕汁。きっと、裸踊りの思い出と共に舌と心に記憶されるに違いない。

行事終了後もお母さんたちの声が境内に響きわたる。

「粕汁どうですか〜？ あったまって帰ってくださ い〜」

温まる粕汁は、まるで冬の代名詞だ。

セリが薬味の粕汁

いろんなトコロの粕汁を
食べてきたけど、セリを
使っているのは ココだけでした。
十時頃より
十五時終了
粕汁接待
セリ

京都の粕汁にはセリ？

別のとあるお寺では、お寺らしく五葷《ごくん》※2抜きで、薬味がネギではなくセリだった。後日、京都のおばんざいを世に知らしめたといわれている京都の料理家・大村しげさんの本を読んでいたら、粕汁にセリを入れるとあった。京都の粕汁の薬味は、昔はセリが主流やったん？　その昔、水が豊富で綺麗だった京の都。平安時代の頃からセリ栽培が行われている土地だからだろうか？

※2　ニラ、ネギ(タマネギ)、ニンニク、らっきょう、アサツキ。仏教徒では禁食とされている。

また、大晦日の除夜の鐘の際も、西陣の「本久寺《ほんきゅうじ》」や「報恩寺《ほうおんじ》」※3では、お接待で粕汁が出る。頬と指先が凍てつく深夜。煩悩を払った直後によばれるほかほかの粕汁の沁みるコト。早くも煩悩発生である。関東では、除夜の鐘や初詣の際、温かい甘酒がお接待で出るコトが多い。甘酒なら手間がさほどかからないのに、出汁を取り具材を切り煮込んで作る粕汁を用意して新年を迎える京都のお寺。粕汁好きとしては、いつまでも、残ってほしい行事と食だ。

京都のお寺のお接待の粕汁をめぐっていて、初めて出会った言葉がある。それは「いたおみき（板御神酒）」。つまり酒粕のコト。京都は岡崎《おかざき》エリアにある「積善院準提堂《しゃくぜんいんじゅんていどう》」の「五《ご》大力《だいりき》菩薩《ぼさつ》法要（五大力さん）」では、京都や滋賀の蔵元などから酒粕が奉納されており、そのうちのひとつである増田徳兵衛商店の箱の側面には「月の桂 いたおみき」と記されていた。搾り粕である酒粕まで御神酒《おみき》と呼び境内に供えるとは、なんて雅。ちなみに、京都ではみりんの絞り粕を「こぼれ梅」という。京都の人は、ほんま隅々まで雅やかだ。

※3　平安時代末期作の重要文化財“撞《つ》かずの鐘”がある。京都で最古の鐘でもある。

いたおみき

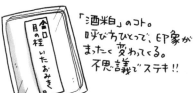

「酒粕」のコト。
呼び方ひとつで、印象が
まったく変わってくる。
不思議でステキ!!

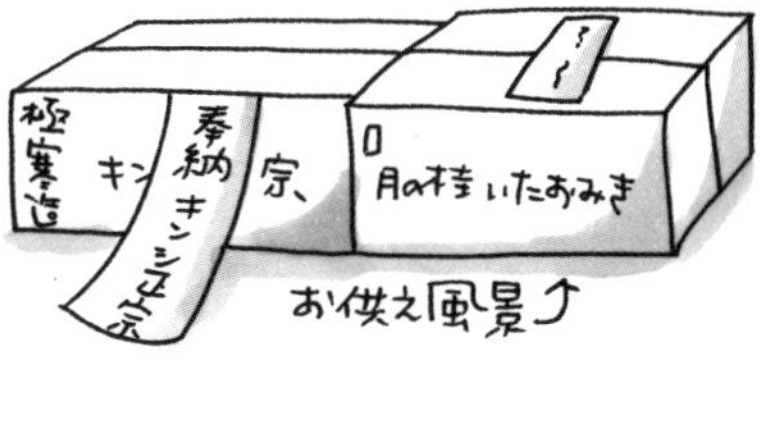

お供え風景↑

三重

歴史を紐解くハマグリ入り粕汁（八日戎《ようかえびす》）

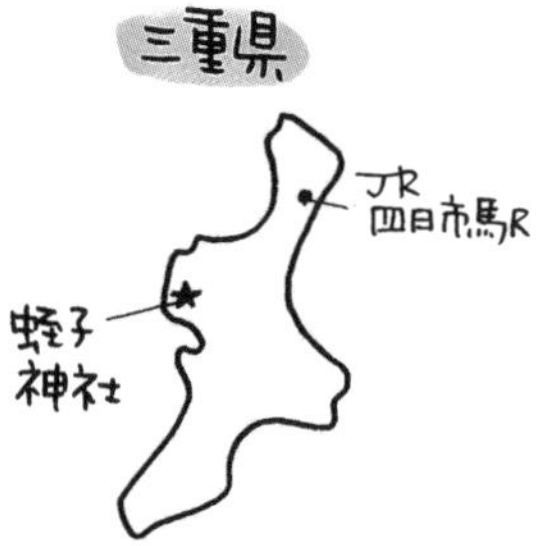

物々交換時代の名残り

雛祭りに「ハマグリの潮汁《うしおじる》」を頂くと良縁に恵まれるという。では、「ハマグリ入り粕汁」のいわれは何なのか？

二〇一九年二月七日。三重県名張《なばり》市の「蛭子《えびす》神社」の「八日戎《ようかえびす》」で「ハマグリ入り粕汁」が振る舞われると知り、いそいそとやってきた。八日戎は「えべっさん」とも呼ばれる。一月十日を中心とした三日間に西日本で行われる「十日戎《とうかえびす》」と同じだ。名張では毎年二月七〜八日と、よそより遅い。旧暦一月八日に行われていたモノを新暦二月八日にしたそうだ。大判、小判、福俵、鶴、亀などといった飾りがネコヤナギの枝に付けられた吉兆《けっきょ》が福娘さんから授与される。十日戎でいうところの福笹《ふくざさ》だ。

宵宮の十三時すぎ。「蛭子神社」の道向かいの空き地には、何やらズラッと長蛇の列が。平日の昼間だからか、年配のおっちゃんおばちゃんが圧倒的に多い。

「私、粕汁好っきゃねん！」

「うちも、冬はよう作るわ〜♪」

列に並ぶ六十代くらいのおばちゃん達の会話が耳福過ぎて「ほやな〜、ほやな〜、粕汁美味いよな〜」と、勝手に心のなかで会話に混じる私。そう、この列は「ハマグリ入り粕汁」を待つ列なのだ。振る舞い開始まで、まだ三十分もあるのに、すでに三十人ほどが並んでいる。もちろん、そのなかに私も居る。

列の横にあるテントの中には、どでかい千人鍋が鎮座し、湯気をもうもうとあげている。鍋の中にはたっぷりの粕汁。柄がやたらと長い柄杓《ひしゃく》でヨイショとかき混ぜるのは名張市観光協会の方々だ。[※1]

「みなさん、お待たせしました。時間になりましたので、名物の粕汁を配りたいと思いま

※1　残念ながら、今後、ハマグリ入り粕汁の振る舞いの予定はないそう。どこかのお店などが復活させてくれはらへんやろか〜と願う今日この頃。

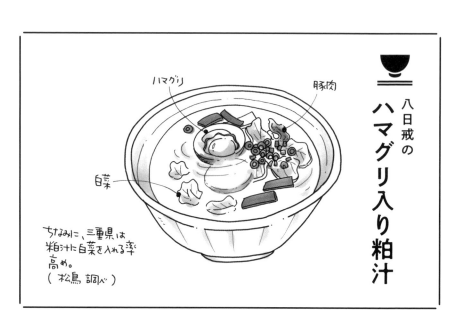

八日戒の
ハマグリ入り粕汁

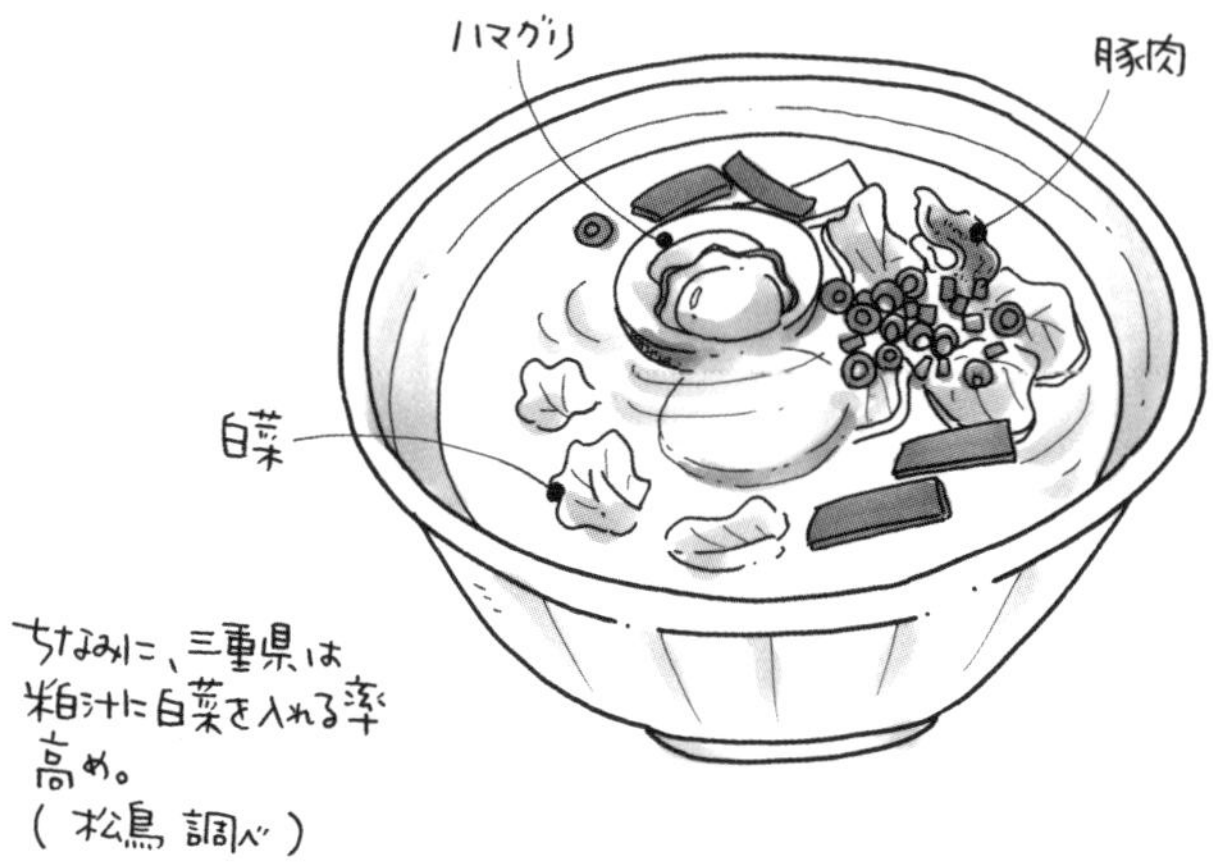

す。七百杯以上あるんで、何回並んでもろてもいいです！」

なんやて⁉ おかわりし放題ですと⁉ なんちゅう大盤振る舞い。商売繁盛を願う日にケチってはいかんというコトか。幼い頃から、夕飯に粕汁が出ると三〜四杯はペロッと食べてしまう私にとって、粕汁を何杯も食べられるなんて至福の極みだ。

千人鍋から丼によそわれた粕汁。「ようお参りで〜」とスタッフさんから手渡された。器の真ん中には、プリッとした身にツヤツヤと美しい貝殻付きのハマグリがちょこんとひとつ乗っている。粕汁にハマグリ。人生、初めて見る光景だ。まずは、汁をすすってみる。あれ？ハマグリの出汁の味がするのかと思いきや、魚介系の味はまったくしない。聞けば、ハマグリは別茹でし、後から粕汁に乗せているのだそう。酒粕は、名張市内にある蔵元四蔵（木屋正《きやしょう》酒造、澤佐《さわさ》酒造、福持《ふくもち》酒造場、瀧自慢《たきじまん》酒造）の各新酒の酒粕をミックスしたという。粕汁には、二種類以上の酒粕を入れるとさらに美味いと知人に教わって以来、それをマストとしている私にとって、四種類ミックスとは超絶豪華。酒粕割合はさほど多くなく、味噌汁にコク程度に酒粕が使われている。以前、伊賀の「若戎《わかえびす》酒造」の蔵開きで頂いた粕汁も同じように酒粕控えめだった。三重県は酒粕薄めが好みなのだろうか？具は大根、人参、ゴボウ、油揚げ、豚こま、そして関西圏としては珍しい白菜。首都圏のスーパーで酒粕を購入した際、パッケージの裏面に粕汁レシピが記載されているモノがある。そこには白菜が記されているコトも多い。首都圏に出回る酒粕の多くは、新潟や東北の蔵元のモノが多いが、その辺りの地域では粕汁に白菜を入れるのが常なのだろうか？そして、名張の粕汁にも白菜が入るのはなぜ？

しかし、一番の謎は「粕汁にハマグリを入れるコト」だ。名張は内陸の町であり港町ではないのに。その答えは、八日戎期間中の屋台にあった。宵宮と本宮の二日間、町中では同時に「ハマグリ市」も開催されている。この辺りの人たちは「八日戎の日はハマグリを食べる」というのが習わしだそう。屋台を出していた鶏肉屋のおばちゃんいわく「焼いたり、鍋にして食べるな〜。うちは、うどんすきに入れる。ええ出汁が出て美味しい」と。出店している屋台のなかにハマグリを売っている屋台も何軒かあった。木箱入りもあれば、透明なビニール袋に入ったモノもある。カラフルな吉桃を抱え、ハマグリを吟味しているお客さんの姿も。

その昔、名張の〝山の幸〟と伊勢湾近辺に住む人たちの〝ハマグリ〟とを物々交換していた名残だともいわれており、また、ここ「蛭子神社」は名張の市場が一日と八日に開かれていた場所でもあったという。

ところで、名張の八日戎には他にも名物がある。そ

ハマグリ市
鶏肉屋さんも、この日は店頭でハマグリを販売。街中の魚屋さん等も何軒か路上に出店していた。

れは「七福神の舞」と「舞い込み」だ。七福神に扮した町内の人が、境内で舞を舞った後、町内の各家に押し掛ける「舞い込み」が始まる。「福の神が舞い込んだ〜、舞い込んだ〜！」「商売繁盛！商売繁盛！」と言いながら。

「今から、七福神が町を練り歩きます。カメラマンの人は追いかけてください！」

進行係の人の声が拡声器を通して聞こえてくる。ええ!? 他の地域だとカメラマンにそんなアナウンスせえへんけど、ココは「追いかけろ」となる。粕汁おかわり促しに続き、なんておおらかな町なのか。私も嬉々と追いかけた。胃の中で、粕汁とハマグリをタプタプと揺らしながら。

ビニール袋に ギュギュッと
詰められた ハマグリ。
1袋 ¥1,000〜¥1,500 ほど。
えびす
蛤

最近の松嶋の夢
粕汁の絵本が作りたいなぁ
は〜♡

5杯目

ご当地粕汁&粕汁のようなモノ

石川

春を告げるカジメの粕汁

ほろほろ粕汁

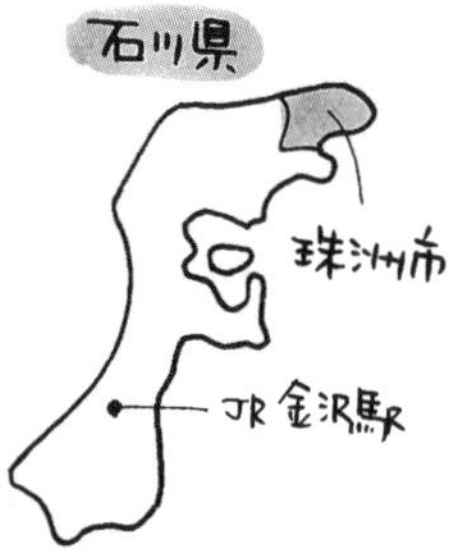

関西人にとって、粕汁とは十一〜二月頃の冬の食である。が、能登《のと》半島の先にある珠洲《すず》市では三月が粕汁シーズンだという。メイン具材は「カジメ」という海藻。二〜四月頃が旬だが、そのなかでも一番やわらかく美味しい時期が三月なのだそう。普段は沖合の水深一〜二十メートルの岩に生えているカジメだが、雪が降り出し海が荒れると、波で岩から剥がれ潮に流され、砂浜にやってくる。それを採る。コンブ科なので、トロトロと粘りがある。

粕汁は、細く切ったカジメに、味噌と酒粕を溶いた出汁をかけるのだと「灯りの宿 まつだ荘」の宿主さん。関西のように具を煮込むモノではないらしい。酒粕より味噌の割合の方が多い印象。カジメの滑りで酒粕は汁に溶けきらず、ほろほろと小雪のようにカジメと

カジメの粕汁

「お食事処 むろや」のカジメの粕汁

カジメ以外の具材は、
どうやら、家によって
それぞれちがうみたい。
&
漁師町だからか
とにかく豪快!!

「灯りの宿 まつだ荘」のカジメの粕汁

時期には、
スーパーでも売られ
ている生カジメ
カジメ
198
カジメの本来の姿
粕汁には生カジメを使う。乾燥したカジメは
使わないそう。

汁の間に浮かぶ。カジメのトロミで全体的にはサラッとトロッとが、よい塩梅で共存している。「まつだ荘」では汁椀によそわれ、ジャガイモとタマネギも入っていた。深緑色の細長く切られたカジメが、にゅうめんのようだった。

豪快が過ぎる一杯

「お食事処 むろや」では、メニューにないのに聞いてみたら「ええで！作るで！」と、大将がカジメの粕汁を作ってくれた。コレがまたスゴイ！どでかい丼に山盛りの魚のアラと1センチ角にカットされた豆腐と、その下に細く切られたワカメ色の長いカジメがどっさりと盛られて目の前に来た。もはや、汁物ではなくカジメがラーメン状態。これ一杯でおなかパンパンである。ひと口に「カジメの粕汁」といっても、人により、かなり幅広いアレンジがある模様。

「子どもの頃、カジメをよく採りに行ったわ。岩場じゃなくて砂浜があるトコロに流れ着くのよ」と話すのは、市内の公園内にある足湯で出会った珠洲市生まれ育ちのおばあちゃん三人組。家でもカジメの粕汁はよく作るそう。酒粕はたっぷり入れるのだという。おばあちゃん達の作る酒粕たっぷりバージョンも気になる。やはり、粕汁はどの地域でも〝おふくろの味〟に、一番そそられてしまうのだ。

生の酒粕はおやつ

「生のまんまで!?」と、めちゃビックリしたけど、昭和初期の頃は、京都などでも、酒粕を残しておく壺が各家にあって、そこから少しずつ取り出して食べていたと、何かの本に書いてあったなぁ…。子どものおやつだったとか。

山形

酒粕好き庄内《しょうない》っ子の孟宗汁《もうそうじる》

庄内地方の酒粕使い

関西以外でも、こよなく粕汁を愛する地域がある。それは、山形県庄内《しょうない》地方。なんと、春、秋、冬というスリーシーズンも、具材を変えつつ粕汁を楽しむのだ。

春祭りが各地で行われる五月。孟宗竹《もうそうちく》の産地がある庄内地方では「孟宗汁《もうそうじる》」が日常食であり、ハレの日ごはんにもなる時期だ。二センチ幅くらいにざっくりと大きく切った孟宗竹と椎茸。油揚げではなく厚揚げを入れるのが特徴的だ（豚肉入りの店もあった）。それらを、酒粕で煮込む。酒粕は関西のそれよりも少なく味噌の方が多い印象で、口あたりはサラッと系。とある本には「孟宗汁はこってりと煮込む」とあった。もしかしたら家庭によ

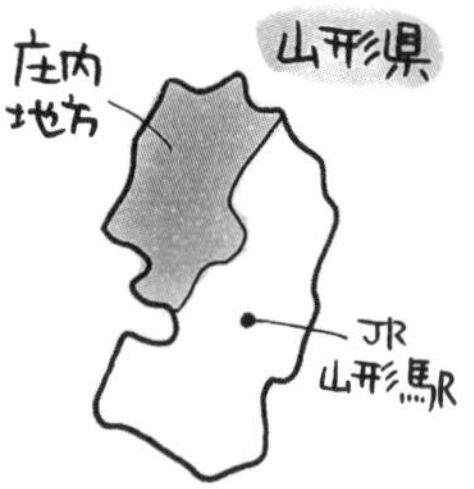

孟宗汁

「久村《くむら》の酒場」の孟宗汁

春祭りの時以外でも、酒田市周辺の春の郷土料理であり、今でも各家庭で作るコトも多い。

ちなみに庄内エリアでは"油揚げ=厚揚げ"のコト。通常の油揚げは"うす揚げ"と認識されている。ビックリ!!

ってはもっとドロッと系もあるのかもしれない。

地元のスーパーで売っていた孟宗汁用の酒粕は、少し熟成され薄茶色になったモノ。それも相まって、どの店の孟宗汁も白くなく薄っすら茶色がかっている。新酒の白い酒粕で作る関西とは少し違う。

五月中旬の酒田《さかた》まつりでは「あんかけうどん」「玉子寒天」と並び三大祭りごはんのひとつでもある孟宗汁。祭りに行くと屋台で販売していたり居酒屋で出していたりもする。具が大きく、かつ、器は丼で出てくる。能登半島と同じだ。日本海側の文化なのだろうか？　孟宗汁は各店たっぷりどっぷりと盛るのが常らしい。ちなみに酒田まつりとは、酒田市の上日枝神社《かみひえじんじゃ》と下日枝神社《しもひえじんじゃ》の例大祭〝山王祭《さんのうさい》〟のコトであり、四百年以上の歴史がある。〝酒田〟は、かつて北前船《きたまえぶね》で栄えた港町だ。そのため、当時、高級品だった砂糖が、三大祭りごはんのあんかけうどんと玉子寒天にふんだんに使われている。あんかけうどんの餡は醤油と砂糖で味付けされており、関西のみたらし団子の餡に近い。玉子寒天も醤油と砂糖の味付けで、おかずというより甘いお菓子のような寒天寄せだ。最上級の甘さを極めているのは、富の象徴でもある。

　秋。山形県民のソウルフード「芋煮《いもに》」の季節である。里芋とネギ、コンニャクなどを大きな鍋で煮込

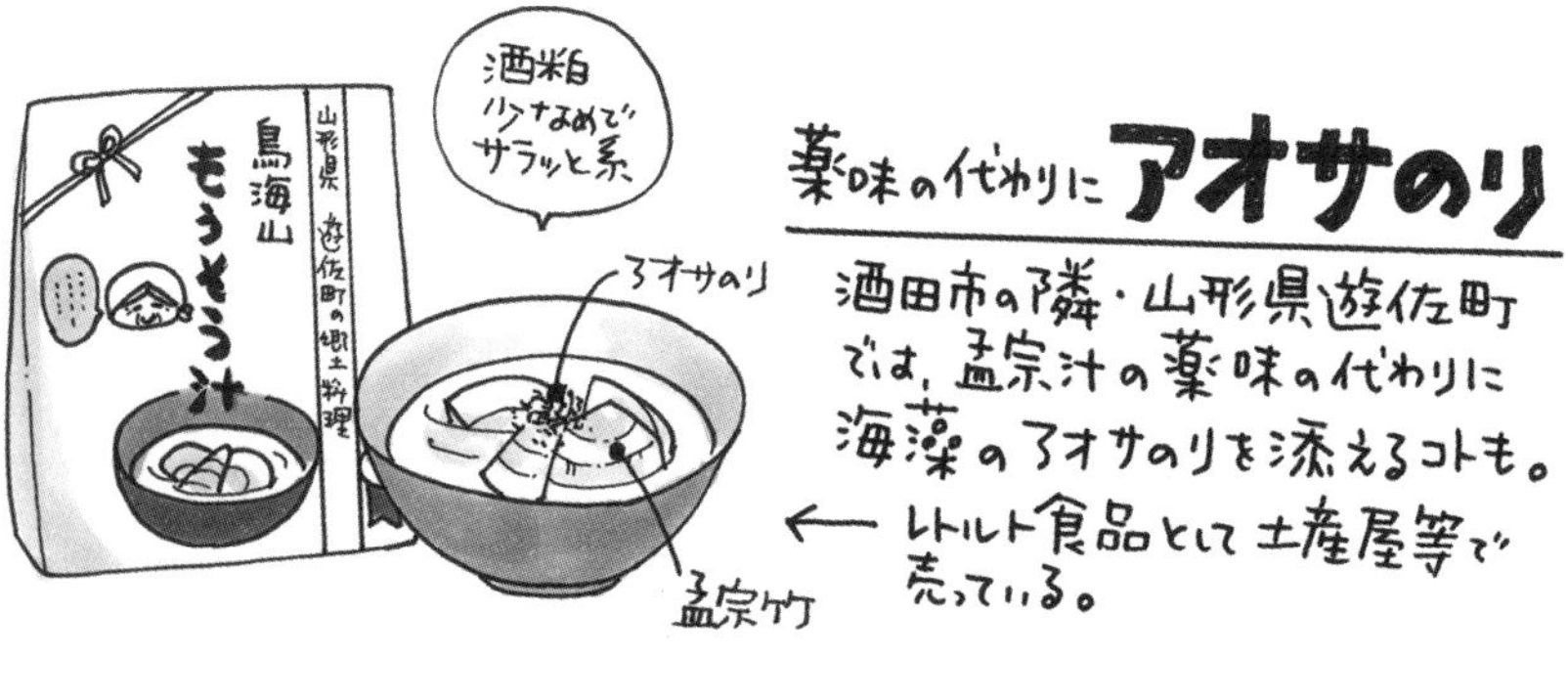

山形県 遊佐町の郷土料理
鳥海山
もうそう汁
酒粕少なめでサラッと系
アオサのり
孟宗竹
薬味の代わりにアオサのり
酒田市の隣・山形県遊佐町では、孟宗汁の薬味の代わりに海藻のアオサのりを添えるコトも。
← レトルト食品として土産屋等で売っている。

む。基本は醤油味に牛肉を入れるのだが、県内でも庄内地方は違うのだ。豚肉を入れ味噌で味付けをする。そして、コク程度に酒粕を入れるコトもあるという（旧余目《あまるめ》町あたりの人談）。これは、かつて味付けに酒を使えるほど裕福ではなかった時代に、酒粕で代用していた名残でもあるらしい。豚＋味噌＋酒粕。まさに、京滋の粕汁の親戚のようなトリオではないか！（ちなみに、関西の粕汁も里芋を入れたモノはめちゃくちゃ美味い）。酒田まつりの「あんかけうどん」もだが、どこか京都の味と重なる。

北前船により、庄内地方へと運ばれた京の文化。酒田舞娘などと同時に、粕汁文化も入ったのだろうか？粕汁を、現代でもソウルフードとして愛している庄内地方のみなさまと、がっちり握手を交わしたい気分である。

年に数日しか食べられない逸品

さて、庄内地方の冬の粕汁。これはもう、ココでしか食べられない絶品「寒鱈《かんだら》のどんがら汁」だ。「どんがら」とは「アラ」のコトで、旬の寒鱈の身も内臓もすべて食べ尽くす豪華な一品。しかし、これにありつけるチャンスは一月上旬から二月中旬という超短期間だ。

しかも、各店に常にあるメニューではない。

「この時期は海がしけるから、漁に出られるのが五日に一回の時もある。だから、鱈が捕れた日しか寒鱈のどんがら汁は出せないんですよ」と、庄内町余目にある「依田善《よだぜん》」の大将。「寒鱈のどんがら汁の味は鱈の肝である〝アブラワタ〟が決め手。アブラワタが新鮮なモノでないと使えないんです」とカウンターの隣の席にいたご近所の常連ご夫妻が教えてくれた。自宅でも寒鱈のどんがら汁を作るそう。

どでかい丼に、これでもかというほどの鱈の身とアラ、長ネギと雪のように白くぷっくりとしたタダミ（白子）とがもりもりと盛られ、真ん中にアブラワタがポンッと置かれて出てきた。器の端の方に盛られている黒いモノは岩海苔だ。外は一面の銀世界だったこの日。丼からほかほかと立ち上る湯気に心が躍る。酒粕は汁にうっすらとコク程度に。味噌の方が多い感じのサラっと系。「アブラワタをつぶして汁に混ぜて食べるのがポイント」と店員さんと常連さんが、熱くアドバイスをくれる。その名の通り肝心要な、アブラワタよ。

しかし、私の心をとらえたのはアブラワタではなくタダミだった。人生で一度も白子を美味しいと思ったコトがなかった私。なんだ、このタダミのクリーミーさは⁉ 口の中でとろりんとやさしく溶けていく快感ったら！ 新鮮な白子とは、こんなに頬が落ちるモノなの

寒鱈のどんがら汁

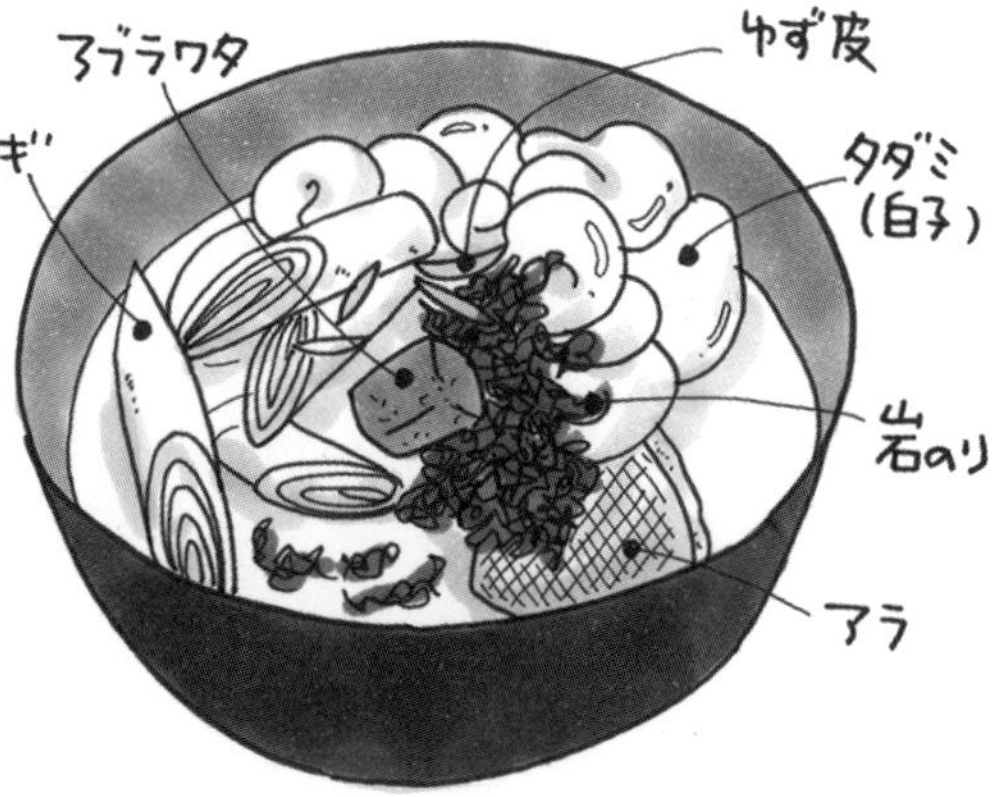

「依田善」のどんがら汁

庄内エリアの冬のソウルフードのひとつでもある。
孟宗汁ほど酒粕は必須ではないようで、入れる人とそうでない人と意見が分かれる。

ちなみに余目エリアは、入れる派の人に出会う確率が高かった（松島調べ）。

※庄内にも「鮭の粕汁」は存在する。酒粕：味噌＝1：1ほどの割合で味噌が多い。

か!? それ以降、私は冬になると、このタダミの口福感を思い出し、ほんわかと幸福感にひたるのだった。あぁ、寒鱈のどんがら汁のタダミが食べたくて仕方ない。

栃木

エコな供物　シモツカレ

神に捧げる酒粕料理

初午《はつうま》の日にだけ作られる北関東の限られたエリアの郷土料理「シモツカレ」。なんと、材料がほぼ関西の粕汁と同じなのである。これは、食べてみやないかんやろ！と、いうわけで、栃木県小山《おやま》市の特別養護老人ホーム「栗林荘《りつりんそう》」で開催された「シモツカレ作りワークショップ」に参加した。なぜって？郷土料理としてメニューに出している店がなかったからだ。

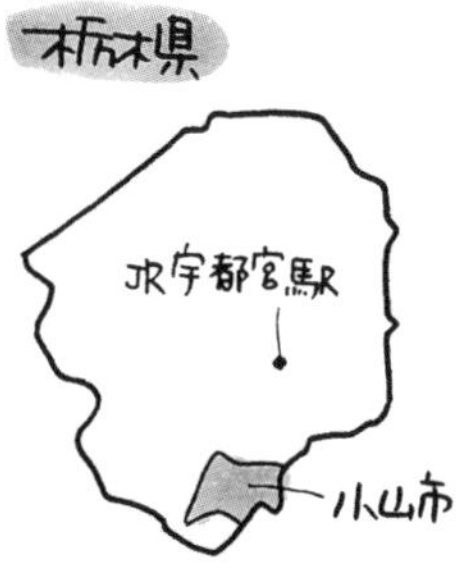

「シモツカレは大根の味がすべて」

特養入所者のおばあちゃん達が熱く語り出す。「この辺だと、唐風呂《からふろ》地区で採れる唐風呂

シモツカレ

「スミツカリ」「シモツカリ」等々、地域によって、呼び方が
少しずつ ちがうのも特徴々。
酒粕
人参
唐風呂大根
鮭《サケ》の頭
煎り大豆
油揚げ
初午の日に
赤飯と一緒に
集落内の稲荷
神社に供え
五穀豊穣、
農作業の安全を
祈願する。
近所7軒のシモツカレを
食べ歩くと、風邪や中風に
ならないと いわれている。
初午の日が近くなると、
スーパーに鬼おろしと
鮭《サケ》の頭が並ぶ♫

大根がいい。青首《あおくび》大根じゃなくて、昔ながらの三浦《みうら》大根とか、みやこ大根とかの煮大根が合う」と。

なぜ、大根が重要なのか材料が並べられてわかった。圧倒的に大根の量が多い。材料は大根、人参、油揚げ、酒粕。そして、鮭の頭、煎り大豆だ。それらをじっくり長時間煮る。鮭の頭を入れるのは、昔、年末に各家庭で塩鮭を一匹丸ごと購入し、正月の一か月間、少しずつ食べるという年取り魚の風習があり、二月の初午の頃には、その鮭が頭と骨だけになるため、それで出汁を取るのだ。煎り大豆は、初午の日の近くが節分にあたるため、余った大豆を入れる。粕汁の誕生した行事といわれている「骨正月（p.6）」と同じく、残りモノを無駄なく頂くという文化から生まれた料理である。

シモツカレと粕汁の違いは具の切り方。シモツカレは、大量の大根を鬼おろしでひたすらおろす。粗いほどよいのだそう。人参も鬼おろしでおろすのだが、大根の三割程度の量しかない。

施設内には、なぜかおくどさんがあり、そこに鍋を置きクツクツと煮はじめると、あたりに鮭と酒粕の香りがほんわり漂う。「このにおい！トラウマなんですよ！」と、若いスタッフが苦笑する。小学校の給食で、初午の日に毎年シモツカレが出て苦手だったそうだ。世代ギャップ？好みの問題？私にとっては、最高にええ香り♪仕上げの味付けは塩派や醤油派、お酢派など各家庭によって様々。

できたてほかほかのシモツカレを頂く。鮭の頭は細かく砕け、酒粕と大豆が混ざってうっすら肌色っぽい。汁も酒粕も少なめの鮭出汁の粕汁の薄味バージョン。どちらかというと、お惣菜の煮物のような感じだ。しかし、おばあちゃんおじいちゃん達は、ほかほかのシモツカレには手を付けない。「シモツカレは、一晩置いて冷えたのが美味しい」と、みな口を揃えていう。

試しに、持ち帰って冷やして食べてみた。……すみません。できたての温かい方が断然美味い！冷えるコトで酒粕のツンとした味が際立ちすぎているような……。きっと、私が子どもの頃から、酒粕は粕汁にしろ焼くにしろ、温めて食べていたからだろう。シモツカレが苦手な人も、温かい状態で食べてみたら意識が変わるんちゃうやろかと、酒粕温め文化圏の私は思うのだった。

発祥は近江!?

『ある郷土料理の1000年「元三大師の酢ムツカリ」から「シモツカレ」へ』（松本忠久・著／文芸社）。シモツカレの歴史を追いかけた1冊。全392ページ、シモツカレのコトだらけ!! 情熱が半端ないけれど、シモツカレの原型は近江発祥だとか、シモツカレ文化が残っているエリアには、天台宗*が多いとか……近畿圏につながる話が多くて興味深い!!

＊天台宗の総本山・比叡山延暦寺は滋賀県大津市にある。

宮城

今や高級料理　あざら

塩味が決め手の肴《さかな》

宮城県気仙沼《けせんぬま》あたりにだけ存在する粕汁に似た郷土料理があるらしい。その名は「あざら」。言葉だけでは、まったく想像ができない。実物に会いたいと思うものの、探せども探せども、あざらを出している店がヒットしない。聞いても知らない人ばかり。なんなんや、あざらって⁉

唯一、ＪＲ気仙沼駅近くにある居酒屋「あじ蔵《くら》」が出していた。汁椀か丼で登場してくると思っていたら、小皿に大葉が一枚敷かれ、その上にほんの少しちょこんと乗った白いモノが現れた。それが「あざら」。しかも、お値段は四百円。こんな少量なのにその値段⁉ 我が故郷・滋賀の鮒《ふな》ずし並みの値段ではないか。いや、それ以上に高級かもしれない。「材

あざら

「あじ蔵」のあざら

和え物チック
メヌケ
白菜の古漬け
汁物チック
このドロッとさは私が作る粕汁に近いモノを感じる✦
具は白菜のみ

気仙沼市内のスーパーのお惣菜のあざら

料となるメヌケが、昔は大量に捕れたけど、今はほとんど捕れず高級魚になったから、あざらも高級品になってね」と大将。まさに、材料となるニゴロブナの漁獲量が減少し、高級品となってしまった鮒ずしと同じ運命だ。

あざらは、メヌケと白菜の古漬けとを酒粕で煮込んだモノだ。春近くになり白菜の漬物が酸っぱくなるのと、メヌケが産卵期前で美味さが増す時期が同じであるため生まれた料理。昔はメヌケの身も入れて作っていたが、高級魚となった今はアラで作るという。が、身だけではなく、アラからも美味しい出汁が出て、煮詰めてあるのでドロッとしている。私は、酒粕を入れまくってドロッとし過ぎた状態の粕汁も大好物だ。そのドロッとさが似たあざらには超親近感を覚える。違うのは、あざらは冷えた状態で食べるコト。※冷えた酒粕に古漬けの塩味が利いて、ますます酒粕の味が濃く感じる。このほんの少しの量が酒の肴《さかな》にはちょうどいい。

その晩、宿の二十代の男性スタッフが気仙沼の生まれ育ちだというので、あざらを日常で食べるのか聞いてみた。「スーパーに惣菜で売ってるけど、誰が買うの？って思います」

※ 通常、温かい状態でも食べます。

と、ちょっぴり悲しい答えだった。翌日のランチは、そのスーパーのあざらを購入。丼サイズに入って四百円ほど。値段シールの材料欄を見ると、予算上、メヌケではなく他の魚が使われていた。白菜はこれでもかとドッサリ。個人的には最高のドロッとさだ。売られている冷えた状態のままでひと口食べてみた。「あじ蔵」で食べたモノよりも、かなり塩味が強く、それに相まって酒粕の味がより濃く感じる。試しに、店内にあった電子レンジで温めてみる。酒粕の強さが飛び、塩味がまるくなって美味い。酒粕は温めて食べるのが基本となっている関西人としては、温めた方が断然好みだ。そして、粕汁より塩味が利いているあざらには、やっぱりどうしても酒が恋しくなってしまうのだった。


宮城県等、東北地方の郷土料理本を読んでいると、昔は各家でどぶろくを作っていたので、どぶろくの酒粕を使っていたという記載を見かけた。

だから、余計に、ドロっと系で煮込み型の料理になるの……かも!?

(松島予想)

新潟

冬も初夏も愛される漬《つ》け菜《な》汁&たけのこ汁

漬物とは、なかよしこよし

「うちも粕汁作りますよ」

ある日、新潟県上越《じょうえつ》市に住む知人から連絡が入った。「粕汁、粕汁」とＳＮＳで呟き続けてみるもんである。上越地方も、山形の庄内地方と同じく、粕汁は冬だけのモノではなく、冬と初夏の料理だという。もちろん、季節ごとにメイン食材が違う。

冬は「漬け菜」を使う。漬け菜とは、上越地方や長野県北信《ほくしん》地方では「野沢菜漬け」のコトだ。なので「漬け菜汁」と呼ばれる粕汁は北信地方の料理でもある。

漬け菜汁

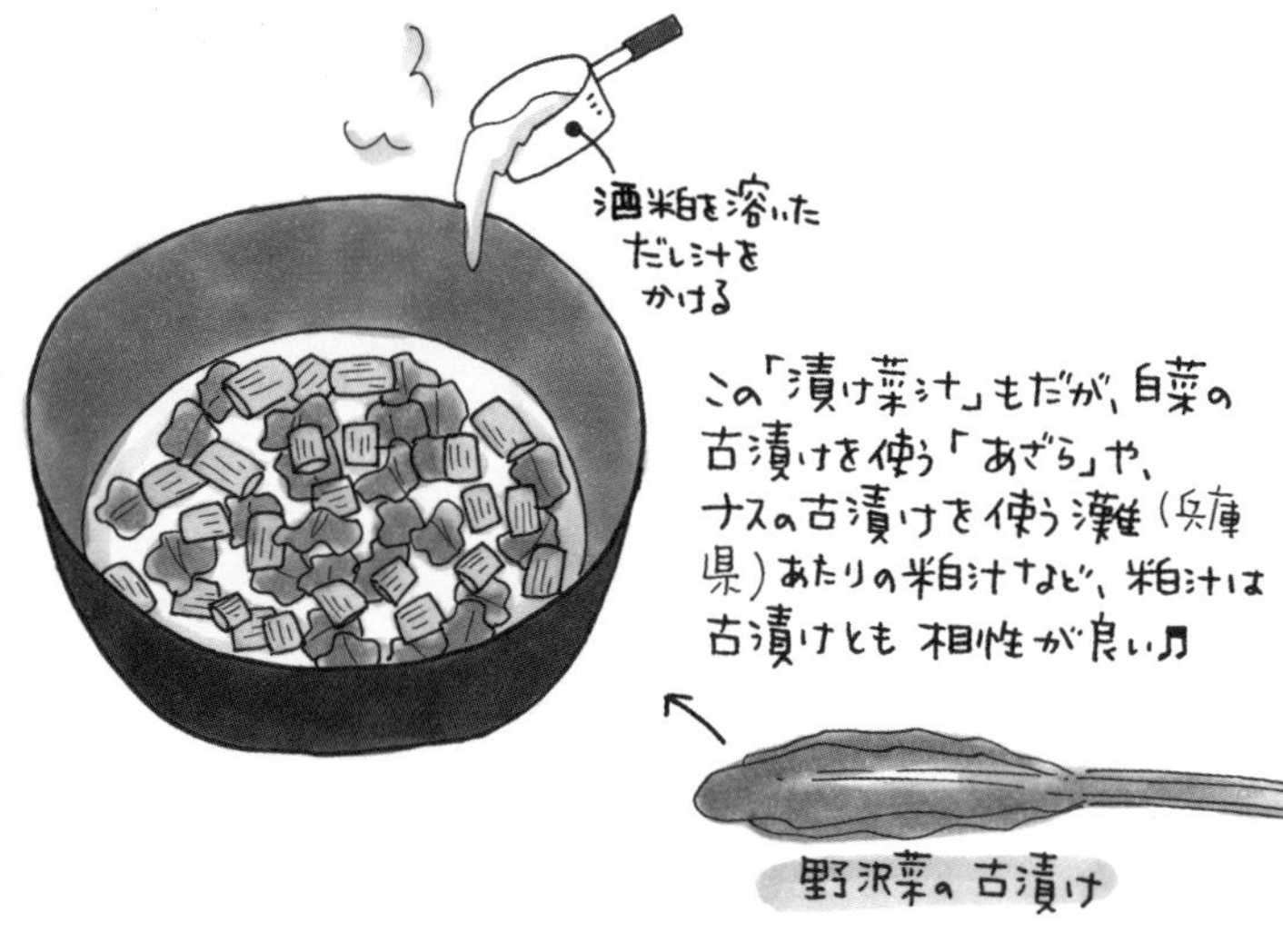
酒粕を溶いた
だし汁を
かける
この「漬け菜汁」もだが、白菜の
古漬けを使う「あざら」や、
ナスの古漬けを使う灘（兵庫
県）あたりの粕汁など、粕汁は
古漬けとも相性が良い♪
野沢菜の古漬け

漬けて時間が経ち過ぎた野沢菜は塩辛さと酸っぱさが増す。すると、そのままでは食べ辛いので塩抜きをし、刻んで粕汁の具にする。他に入れる具は油揚げくらいという超シンプル粕汁だ。最近は、家で野沢菜を漬ける人も減ったので漬かり過ぎたものは逆に手に入り辛い。が、販売している青々とした高菜漬けでも軽く塩を洗い流して刻めばオーケーだそう。煮込むのではなく、酒粕と味噌を溶いた温かい出汁に、刻んだ野沢菜をサッと加える。酒粕の量は少なめでサラッと系。酒粕は塩味をよい塩

たけのこ汁

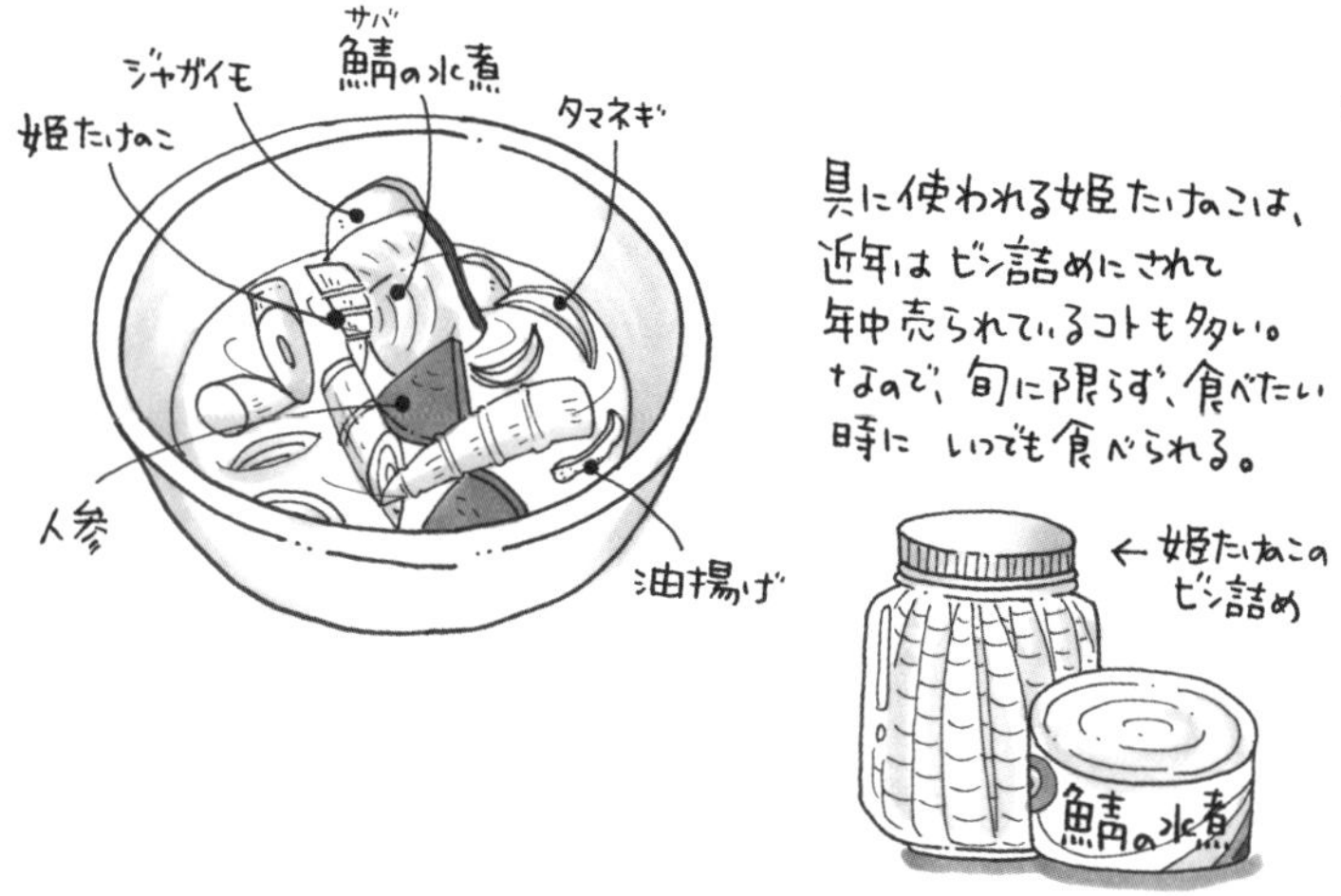
サバ
鯖の水煮
ジャガイモ
姫たけのこ
タマネギ
人参
油揚げ
具に使われる姫たけのこは、
近年はビン詰めにされて
年中売られているコトも多い。
なので、旬に限らず、食べたい
時にいつでも食べられる。
← 姫たけのこの
ビン詰め
鯖の水煮

梅で利かすと、酒粕の味をとても生き生きとさせてくれるので、しょっぱめの漬け菜と粕汁はお手軽粕汁として、よい具合である。

たけのことも、なかよしこよし

初夏の粕汁のメインは「たけのこ」だ。山形県の庄内地方と同じかと思いきや、まったく異なるモノだった。上越あたりでは、五月下旬〜七月上旬に採れる「姫たけのこ」という「チシマザサ」の細くやわらかな新芽を使う。そして、メインがもうひとつある。「サバの

水煮缶」だ。なかなか、関西では見かけない組み合わせではなかろうか？酒粕は控えめで味噌の方が多い感じだったので、味噌と相性の良いサバが活きる。サバは、ひと口大ほどにザックリほぐす。他の具材は、タマネギ、人参、ジャガイモ、油揚げ。酒粕はコク程度なので、味噌多めのサラっと系。ちょっと、北海道の三平汁（p.134）に近いかもしれない。サバの旨味が汁に広がり、たけのこの新芽のやわらかな歯ごたえがいい。

両方ともに共通するのは、出汁の煮干しと酒粕を一緒に水に漬け、半日ほどふやかすという作業。なんで、半日も要するほどのスローリーさなのか？関西では、具材を煮ている間に酒粕を出汁で溶くか、私のように具材が煮えたトコロに板粕《いたかす》を直接手でちぎってポンポン放り込み、煮込みながら溶かすスタイルが多い。上越地方の粕汁達は、漬け菜の酢っぱさを塩抜きにしたり、たけのこの灰汁抜きをしたりと、他の具材の下処理にも時間がかかる。それゆえに、酒粕を溶くのも同じようにゆっくりペースになったのだろうか？酒粕の溶かし方も、トコロ変われば。そんな発見も、いとおかしな粕汁めぐりである。

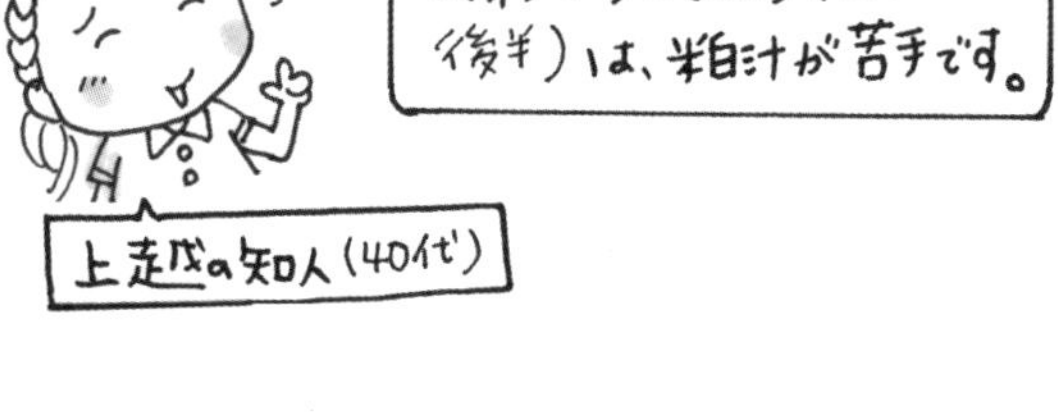
私は どちらの粕汁も大好きですが、夫（秋田県出身）と子どもたち（10代後半）は、粕汁が苦手です。
上越の知人（40代）

北海道

レアキャラ 酒粕三平汁《さんぺいじる》

酒粕三平汁という存在

言わずと知れた北海道の郷土料理「三平汁《さんぺいじる》」※1。旬の魚を使い、年中食されている。三平さんが考案したからとか三平皿に盛るからだとか、名前の由来は諸説ある。

なにかで、三平汁にも酒粕を入れると知ったのだが、いざ現地に行ってみると、酒粕を入れる人は残念ながら極少数だった。そして、「冬の〝鱈三平《たらさんぺい》〟には酒粕を入れる。体が温まるから」と、冬限定メニューであった。

三平汁の誕生は、ニシンが大漁だった江戸の頃。漁場のヤン衆※2が大鍋で作り、ごはんにぶっかけて食べていた。元は、塩漬けにした魚の「汁」でジャガイモなどの野菜を煮込ん

※1　三平汁は「三平」と呼ばれるコトが多い。

※2　主にニシン漁のために働く人達のコト。

酒粕三平汁

「割烹 金大亭」の酒粕三平汁

サケ1切
超シンプル
からし菜のみじん切り

北海道石狩市にある鮭とマス料理の専門店であり、石狩鍋を考案した店。ココの寿フルコースに「酒粕三平汁」が年中ある。出汁は昆布。酒粕は少なめなのでサラサラ系。味付けは、もちろん塩。

昭和40年頃の新聞によると、石狩市内の別のお店で、鮭の身だけではなく、白子・ほお・エラなども入れ、かつ、たけのこ・ネギ・キノコなどの野菜を入れた酒粕三平汁もあったみたい。

「北海道料理 三平」の酒粕三平汁

東京にある人気店。先代と女将さんが北海道出身（函館＆網走）だそう。コチラの三平汁もうっすらと酒粕入り。サラサラっと食べれて、呑みの〆にピッタリ！（年中ある）

鮭
ジャガイモ
人参

だ具だくさんで汁少なめのモノだった。米を節約するために具だくさんだったとか。明治後期になると、道内の都市部にも広まる。同時に、においがきつかった魚の汁ではなく、塩漬けした魚の「身」の方を使う形に変化した。その身も塩辛すぎるため、昭和に入ってからは、塩と糠《ぬか》で漬け込んだ「糠ニシン」がメイン具材として使われるようになり、具材よりも汁の方が多くなった。ただ、味付けに関しては一貫して「塩」のみだ。なので、醤油や味噌、酒粕を使うのは、本来は違うらしい。

石狩《いしかり》市の図書館で見た昭和四十年代の新聞やレシピ集には、酒粕三平汁もそれなりに登場している。令和の今、酒粕三平汁のリバイバルがこないかと、ひそかに願っている。

三平汁のアレンジ
酒粕が入っていない塩味の三平汁をこんな風にアレンジしている人も、いましたよー♪(北海道根室市にて)
コショウで味変もオススメ!
コショー
仕上げにカレー粉をかける☆
カレー粉

長野

お年取りの粕汁 汁は飲まない!?

粕汁はソースです

「うちは、大晦日に粕汁を食べる風習があるよ」

長野県伊那《いな》市出身の友人は、今でも毎年、昭和六年生まれのおばあちゃん（九十二歳）が作るその粕汁を食べているという。

長野県内でも伊那など限られた地域だけの「お年取りの粕汁」。三種類の魚を使う。生イワシ一匹、塩鮭一切、生ブリ一切。これが一人分の量だ。水でふやかした酒粕に三温糖《さんおんとう》を入れ火にかけて煮立ってきたら、塩鮭、ブリ、イワシの順で入れる。伊那地方の年取り魚は、もとは出世魚の塩ブリだった。が、戦後「鮭は栄える」といい、新巻鮭《あらまきざけ》も使うように

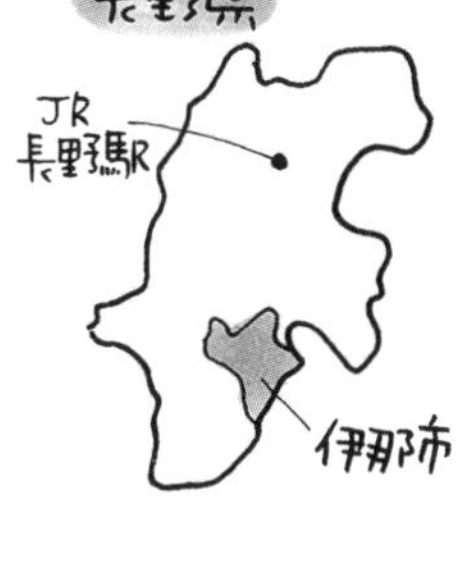

なり、どちらも一緒に煮込んでしまえというコトらしい。味の調整は醤油で。九十二歳のけさ子さんいわく、決して塩は使わないのだと。

盛り付けは丼でも汁椀でもなくお皿！　三種類の魚を並べた上から汁をかける。三温糖の働きなのか酒粕の風味は控えめで、魚の塩味がほんのり。マイルドな粕汁だ。

汁もペロリと飲み干した私に友人家族一同が「汁は飲まないんです」となā。はい!?　粕「汁」なのに!?

「大晦日に大量に作って三が日も毎日温め直して食べるんです。煮込んでいくうちにドロッとしてきて、魚にソースのようにかけて食べます。最近は、汁は飲まずに捨てるコトが多いんです」

汁ではなくソース分類の粕汁。やはり、粕汁文化は、まだまだ奥が深いのだった。

お年寄りの粕汁

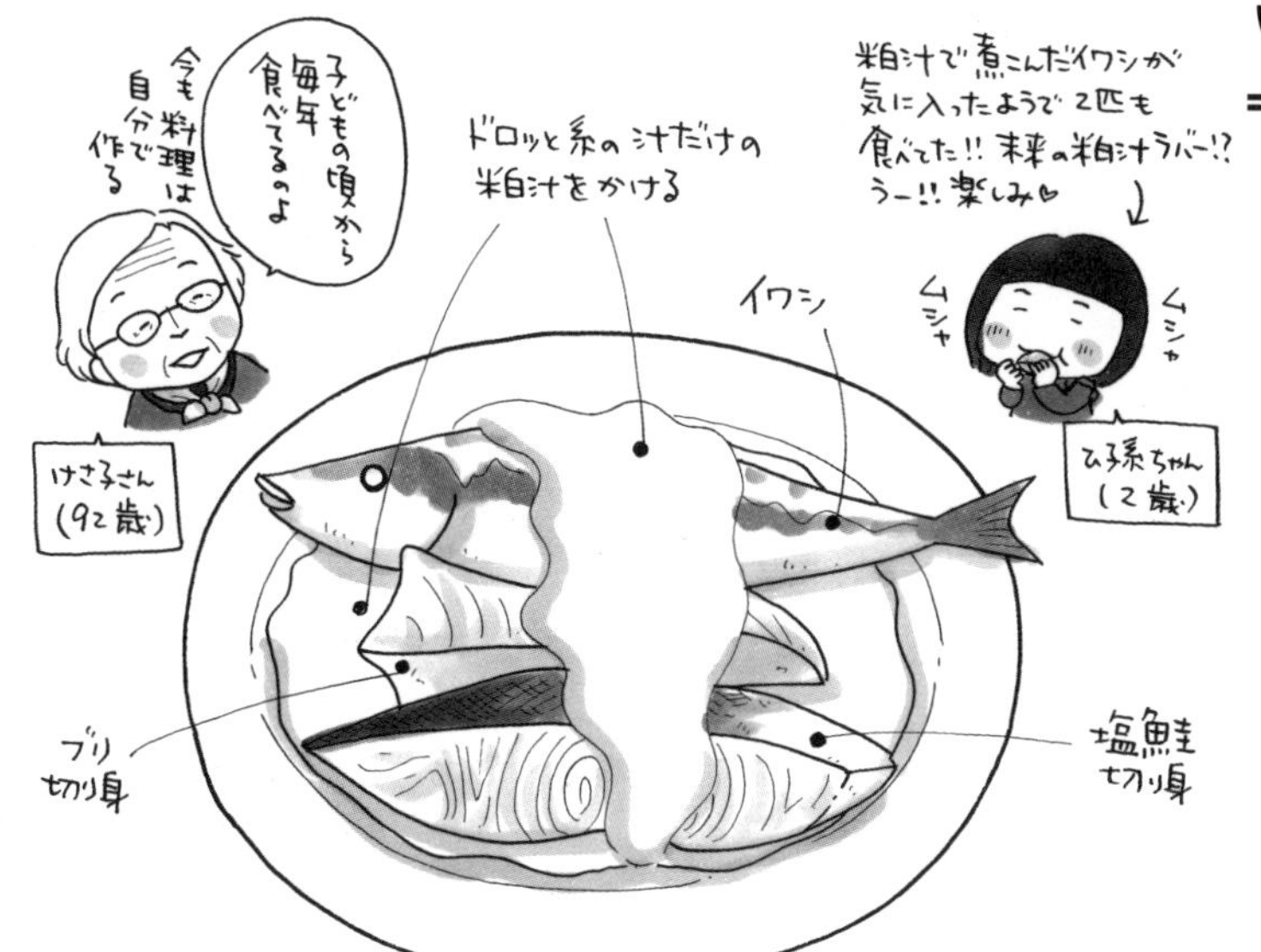

なんで、イワシ!?

海から遠い長野の山間部では、農作物の不作などでお金がない年の年取り魚を、お頭付きの塩イワシや塩サンマにする時もあったそう。

もともとの年取り魚である塩ブリ、戦後に年取り魚になった塩鮭、そして、お金がない時の塩イワシ……。これらをすべてミックスして豪華にしようというコトで、3種類の魚を一緒に盛るようになったのかな?(あくまでも、松鳥の予想)

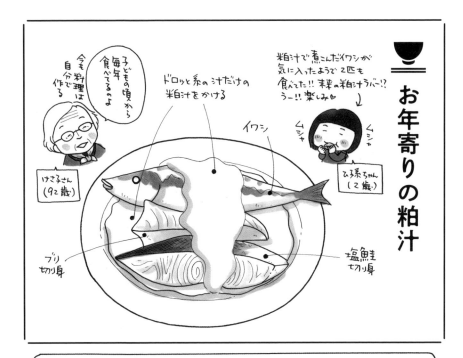

通年、食べられる粕汁

粕汁は、関西において冬のソウルフードだけれど、実は通年食べられる粕汁があるのです。通年食べられるって……どんだけ粕汁愛が深いのか！

京都 熟成豚 かわむら

常に予約でいっぱいの人気店。国内あちこちから選び抜かれた熟成豚。セットに付く豚汁を粕汁に変更できる。サラッと系とドロッと系の間な粕汁。白味噌とあわせ味噌でやさしい甘さの味付け。低温で時間をかけて豚を揚げているのを待っている間に冷房で体もひんやりするため、夏でも温かい粕汁が美味しく食べられる。

細かい豚肉がゴロゴロ入ってる
ショウガ入り

香川 フォレスト酒蔵MORIKUNIギャラリー

小豆島にあるカフェ。島内の小豆島酒造の直営店。実は香川県もほんのり粕汁文化圏。酒粕はもちろん、豚肉も小豆島産。しかも、酒造りの時期には、小豆島酒造の酒粕を食べて育てているというこだわり豚。

カボチャとサツマイモは必須らしい
蔵のおばあちゃん手作り♡
カボチャ
シイタケ
ゴボウ
豚肉
サツマイモ
酒粕少なめのサラッと系

小豆島の人は粕汁におもちを入れる人がけっこうおられますよー（by. カフェスタッフさん）

奈良 ホテル日航奈良

JR奈良駅直結のホテル。朝食バイキングに奈良の「興福寺の粕汁」がある。興福寺の節分行事「追儺会《ついなえ》」で関係者に振る舞われる粕汁を寺監修のもと再現したモノ。サラッと系で、酒粕の香りは飛ばしてあり、お寺メニューだからか味付けも控えめ。

茶粥もある
（東大寺二月堂のお水取りの行事食）

フリーズドライの粕汁

白雪
【吟醸酒粕使用】
粕汁
具だくさん

白雪食品（兵庫）

全国的には冬、近畿地区は通年、スーパーなどで販売されている。総じて酒粕の味はほぼせず、口あたりは超サラサラ。

（兵庫）コスモス食品

首都圏でも年中売っているコトが多い。

しあわせいっぱい
関西の母の味
かす汁です。

レトルトの粕汁

アイリスオーヤマ（新潟）

新潟の車麩入り
缶入り
粕汁

新潟の八海醸造「八海《はっかい》山《さん》」の酒粕使用。八海醸造の売店で購入できる。

（京都）黄桜

京都の「黄桜《きざくら》」の酒粕を使用。「じろく亭」は「黄桜」の提携店。（9月～翌3月頃販売／売切れ次第終了）

黄桜
じろく亭
酒粕汁
「粕汁」ではなく「酒粕汁」の表記が気になる…!!

（兵庫）いかりスーパーマーケット（大阪）

神戸や阪神地区、大阪市、北摂あたりに店舗がある高級スーパー。なんと、7月から秋頃、「冷やし粕汁」が登場！ 具材には冬と同じく、鮭・大根・人参・油揚げ・ゴボウ。汁に米麹で作られた甘酒が入っていて、別で煮た具材を甘酒に入れて食べているような感じ。甘さはやんわりなので、夏でも食べやすい。

フタのラベル
冷しかす汁
鮭
しっかり冷やして食べる

おまけ　冬のスーパーのお惣菜コーナーの粕汁

京阪神あたりのスーパーでは、冬になるとお惣菜コーナーに粕汁が登場する。豚汁と並んでいるコト多し。「昔ながらのおかんの味」を継承している味の店が多い印象。総じてサラッと系。ちなみに松鳥のお気に入りはコチラのスーパーの粕汁→

（滋賀）平和堂

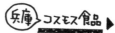

キクラゲ入り
ほぐした鮭
滋賀の冨田酒造「七本槍」の酒粕

はとや食堂の

京都

冷やし粕汁

私は、夏になると"冷やし粕汁"を作るんですが(P.152)、なんと、2018年頃から夏に冷やし粕汁を出し続けている食堂がありました!

冷やしかす汁
あります。
具は冬と同じく大根・人参
夏は少し塩分強め
味付けは白みそ

冬には粕汁、粕汁うどん、粕汁ラーメンもメニューにある「はとや食堂」。お客さんの「夏も粕汁が食べたい」の一言で冷やし粕汁をはじめたそう。

はとや
はとや
営業中

6 杯目 おうち粕汁

子どもの頃から
ぽふっ
ぽふっ
冬になると
ごはんやでー
ガラッ
はーい
必ず食べたくなるもの
ーー それは
粕汁
松鳥のこだわり粕汁

くっくっ
ふはー!
お母さんおかわり!
よう食べるなー何杯目やー?
だって粕汁好きやねんもん♡
何杯食べても
全然飽きないッ
溶けきれなかった酒粕のかたまりを見つけると
子どもにはちょっぴり強めのお酒の味がして
少し得した気分になった
もうあらへんでー
おかわりー

は
部屋の中なのに息が白い…
うー
こう寒いと…粕汁が食べたいな
古い家なので隙間風がすごく
外に居る時と同様の厚着っぷり
さて、ココで…
粕汁好きとしては作り方に4つのこだわりがあります!!
こだわり その①
まずは出汁
粕汁を作る前日にふろふき大根を作ります
実家のおとんとおかんが作って送ってくれる大きくてみずみずしい無農薬の大根と
北海道の礼文島は宇遠内という漁村の厚みのある昆布
ザパッ

手に入らん時は あきらめてちゃうの買うけど…

この大根の旨味と昆布だしがたっぷりと出ているふろふき大根の残り汁をベースに粕汁を作ります
ええ香りや〜♪
ふろふき大根の翌日
汁が少ない時は、昆布だしを追加します
余談ですが…この礼文島の昆布ではじめて出汁を取って以来あまりの味わい深さに他の昆布では納得いかなくなってしまいました
美味すぎる
——まず材料をカットします
粕汁 基本の3具材
大根
イチョウ切り
油揚げ
短冊切り
人参
イチョウ切り
松島はイチョウ切り派です
こだわりその②
そしてもうひとつ…里芋を入れる!!
ジャジャジャ〜ン
とある冬、帰省した際——
母
里芋がようさんあるで今日の粕汁に入れたわー
たいがい遅くに帰るので、ひとりで食べるコト多し
里芋入りの粕汁てはじめてやわー。。
ズッ…
!! なんやコレ!! めちゃうまい!!

それからというもの
里芋が
手に入ると
必ず入れます
しばらく クツクツクツ…
具に火が通ったら
粕汁のメインの登場!!
こだわり その③
酒粕!!
純米酒のフレッシュな酒粕を
2種類使います
酒粕
七本鎗
飛騨酒 天領
蔵元 直詰
酒粕
飛切り
醸造アルコール入りの酒粕だと
ツンツンした味がして
個人的に
あまり好きやないです
うっ
「醸造アルコール」入りの場合は
たいていパッケージに
記載されてます
蔵元で買う時は
記載がない場合もあるけど
聞けば教えてくれるトコロが
多いですよー
品名 酒粕
原材料 米、米こうじ 醸造用アルコール
内容量 500g
製造者 ●●酒造 TEL
純米酒の
酒粕は
モノにも
よるけれど
天の戸
純米酒
味が
マイルドな
場合が多いので
苦手な人でも
それなりに
いけること
思われます
そして
バラ粕よりも
板粕を
選びます
バラ粕
板粕
なぜなら…
溶けきれない
酒粕の
かたまりを
わざと
作るため♡
やった♡
かたまり
発見ッ♡
混ぜた時に
少し重みを感じるくらい
ドロッとした方が
ポトッ
個人的には好きなので
けっこう たっぷり入れます
(水1,000mlに酒粕250gほど)

こだわり その④
塩麹
そして――
味付け
塩単体よりも酒粕の味をひき立ててくれるんよなー♪
塩麹
酒粕の味がイマイチもの足りない時は
米麹やや多めのほんのり甘い味噌です♡
自分で仕込むから愛しさ倍増♡
手前みそを入れるコトも
みそを入れる場合は隠し味程度にほんの少し
酒粕の味を十分に楽しみたいので酒粕の味を消さないように
メモ
日本酒がひとつひとつ味が違うように
酒粕の味もそれぞれまったく違います
マイルド
華やか
濃い目の味
――なので
粕汁の味付けもその時に使う酒粕の味によって自分好みに調整するのが良き
♪
でーきた♪
最高に幸せな瞬間♡

オーソドックス（たぶん）な

関西の おかんの粕汁

昭和26年生まれのおかん作

生まれも育ちも滋賀県南部

松島の母

材料（5～6人分）

水	1L	シメジ	1/4個
和風だし粉	8g	豚バラ肉	130g
大根	1/5本	酒粕（板粕）	85g
人参	1/3本	味噌（米味噌）	40g
里芋	5～6個	青ネギ	少々
コンニャク	1/2個		

具材は冷蔵庫であまっている野菜を入れるので日によってまちまちです
たとえばサツマイモやジャガイモ油揚げなどを入れるコトもあります

つくり方

①具材を切る

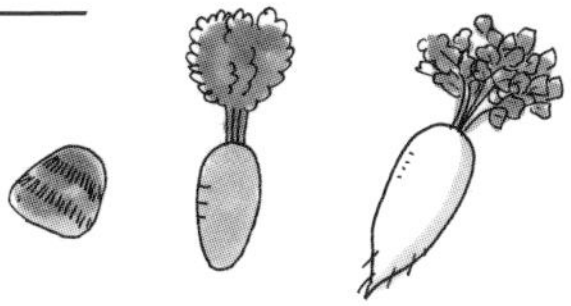

- 大根、人参：イチョウ切り
- 里芋：ひと口大
- コンニャク：短冊切り
- シメジ：一本ずつバラす
- 豚バラ肉：小さめのひと口大
- 青ネギ：小口切り

②水に和風だし粉、根菜（大根、人参、里芋）を入れて煮る

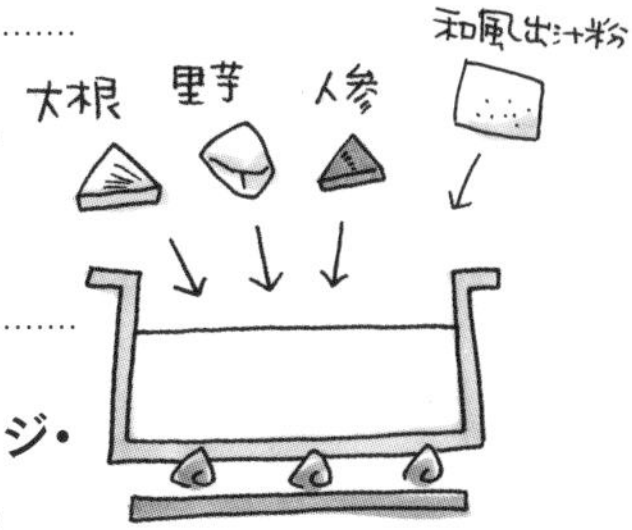

③根菜がやわらかくなったら、コンニャク・シメジ・豚バラ肉を入れ、板粕をちぎりながら入れる

④アクを取る

⑤酒粕が溶けたら、味噌で味付け

⑥しばらく煮たら、完成

⑦汁椀に盛り、中央に青ネギを添える

粕汁が好きすぎて作っちゃいました

夏の 冷やし粕汁

梅酢麹がポイント!!
夏の薬味たっぷり♡

ふと、思いました
宮崎県の郷土料理に冷や汁ってあるやん？
冷や汁
豆腐
大葉
キュウリ
ゴマたっぷり
魚のすり身を混ぜた焼きみその冷たい みそ汁のようなモノ
ほしたら…
冷やし粕汁もアリやろ!!
まずだし汁で酒粕を溶きます
40g
酒粕
だし汁 250ml
味付けは塩か白だしで
塩
1つまみ
白だし
冬の粕汁とは違って酒粕少なめのサラッと系にします
サラッ
粗熱をとったら冷蔵庫でしっかりと冷やします
粕汁に盛る薬味たちを切ります（1人前）
キュウリ 1/2本 半月切り
ミョウガ 1/2本 千切り
パクチー 1にぎり 刻む
大葉 1〜2枚 千切り
ゆでて冷ました うどんに冷やした粕汁をかけ
冷やした粕汁
稲庭うどん（1束）
＊細くてコシがある うどんが良いです。
薬味を盛ります!!
ミョウガ
パクチー
大葉
キュウリ
そしてポイントはコレ!!

梅酢麹
（小さじ1）
梅酢麹とは
梅干しを作る時にできる梅酢に
重石
梅酢
塩をつけた梅（未来の梅干し）
乾燥麹 100g
梅酢 150ml
麹を入れて――
webサイト「丸ごと小泉武夫 食マガジン」のレシピ♪
一週間ほど一日一回混ぜたら完成✧
手づくりドレッシングにも使えて便利
梅酢じたいは自然食品店等で売ってますよー
梅酢
梅酢麹と薬味を粕汁に軽く混ぜて…
まぜ まぜ
うどんと薬味を箸で一緒につかんで…
いただきます!!
う〜ん♡
ズッ…
梅酢麹のほんのりとした梅干しの味と塩気が麹でやわらいだ
うどんと薬味にからみあってさわやか〜♪
メモ
夏の粕汁には純米吟醸酒の酒粕がオススメ!!
吟醸 酒粕
華やかな香りとサラッとした味わいで夏に合う♡

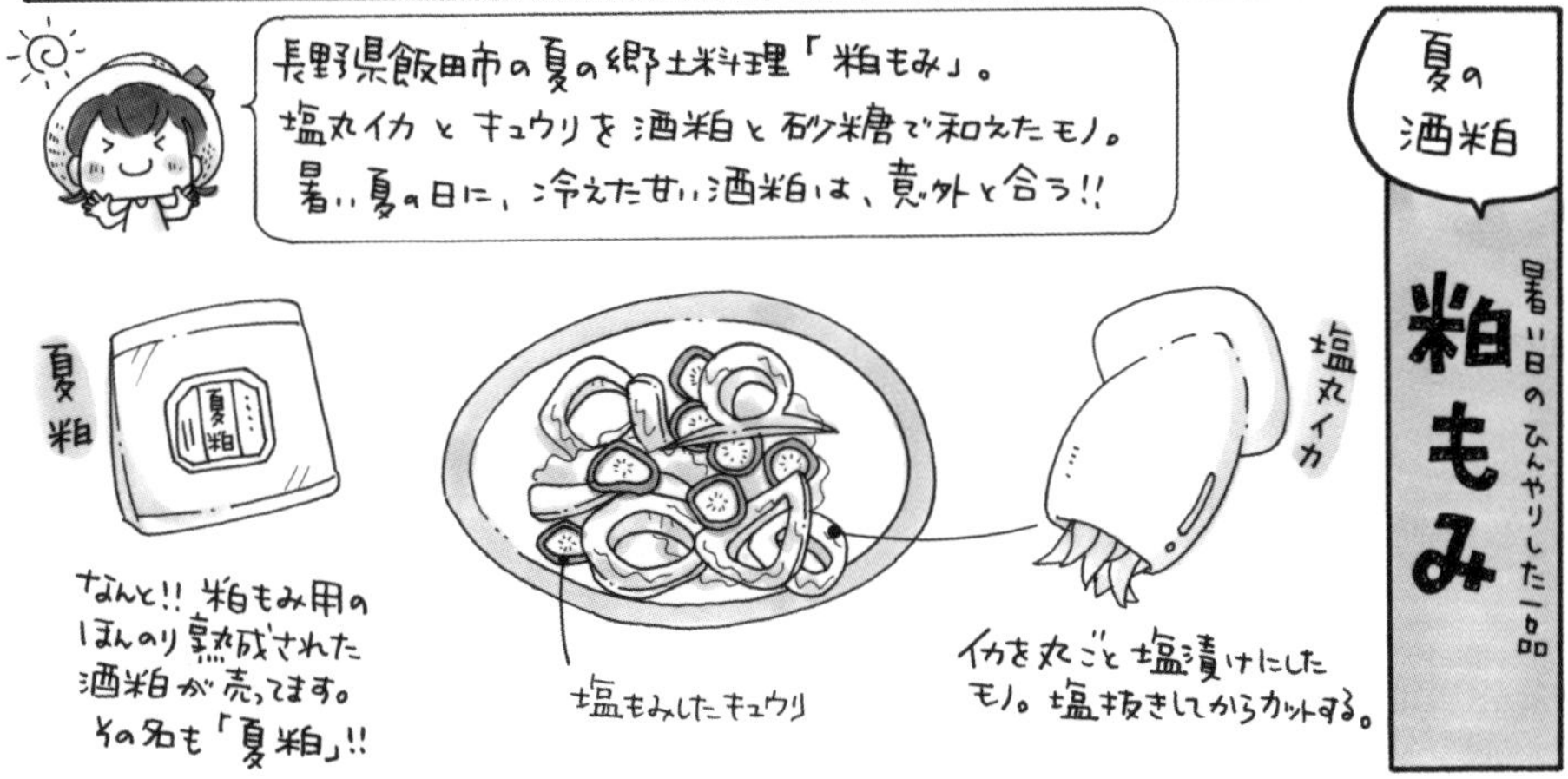
夏の酒粕
暑い日のひんやりした一品
粕もみ
長野県飯田市の夏の郷土料理「粕もみ」。
塩丸イカとキュウリを酒粕と砂糖で和えたモノ。
暑い夏の日に、冷えた甘い酒粕は、意外と合う!!
塩丸イカ
イカを丸ごと塩漬けにしたモノ。塩抜きしてからカットする。
塩もみしたキュウリ
夏粕
夏粕
なんと!! 粕もみ用のほんのり熟成された酒粕が売ってます。その名も「夏粕」!!

索引

地域	店名	住所／電話番号／営業時間／定休日／備考	掲載頁
京都	UDON MAIN《ウドンメーン》	(住)京都府京都市東山区西之町201-1 (電)080-4561-5100 (営)10:30〜15:30、17:00〜22:00(日曜の夜は〜20:00) (休)火曜(祝日の場合は水曜)	80
	おこぶ北清	(住)京都府京都市伏見区南新地4-52 (電)075-601-4528 (営)18:00〜22:00(土日祝は12:00〜) (休)月曜	76
	お米自慢 おにぎり屋さん	(住)京都府京都市左京区田中上柳町53 (電)075-781-0399 (営)7:00〜19:00 (休)年末年始	53
	黄桜	(住)京都府京都市伏見区塩屋町228(カッパカントリー内ショップ 黄桜商店) (電)075-611-9919 (営)10:00〜20:00 (休)年末年始	141
	黄桜カッパカントリー	(住)京都市伏見区塩屋町228 (電)075-611-9919 (営)10:00〜20:00 (休)12月31日、1月1日(併設の記念館は月曜)	74
	北川本家／おきな屋	(住)京都府京都市伏見区村上町370-6 (電)075-601-0783 (営)10:00〜19:00 (休)火曜	76
	京都・伏見神聖酒蔵 鳥せい 本店	(住)京都府京都市伏見区上油掛町186 (電)075-622-5533 (営)11:00~23:00 (休)月曜(祝日の月曜、12月の第3・4月曜は営業)、12月31日〜1月3日	75
	京山食品	(住)京都府京都市東山区唐戸鼻町565 (電)075-525-1830 (営)10:00〜17:00 (休)日曜、祝日	53
	キンシ正宗	(住)京都府京都市伏見区紙子屋町554-1 (電)075-611-5201 (営)10:00〜16:00 (休)土・日曜、祝日	80
	ここ家	(住)京都府京都市左京区下鴨北園町1 (電)075-722-2308 (営)11:30〜15:00、17:00〜22:00 (休)月曜(祝日の場合は火曜)	44

※データは2023年6月～7月現在のものです。諸事情により、変更になる場合があります。
詳しくは各店舗などへ直接お問い合わせいただくか、公式ホームページをご確認ください。

地域	店名	住所／電話番号／営業時間／定休日／備考	掲載頁
京都	齊藤酒造	㊟京都府京都市伏見区横大路三栖山城屋敷町105 ㊫075-611-2124 ㊴8:30～17:00 ㊡土・日曜、祝日	77
	自家製麺 天狗	㊟京都府京都市上京区河原町通荒神口上ル宮垣町80 ㊫075-231-1089 ㊴11:30～14:00、17:30～20:00（祝日はランチのみ） ㊡日曜	42
	積善院準提堂 「五大力菩薩法要（五大力さん）」	㊟京都府京都市左京区聖護院中町14 ㊫075-761-0541 ㊴毎年2月23日 ※「五大力菩薩法要（五大力さん）」にて粕汁の接待あり	102
	熟成豚 かわむら	㊟京都府京都市山科区竹鼻西ノ口町57-1 ㊫075-595-0295 ㊴10:45～20:00（土曜は10:30～） ㊡木曜（月1、2回臨時休業あり）	140
	招徳酒造	㊟京都府京都市伏見区舞台町16 ㊫075-611-0296 ㊴8:30～16:30 ㊡土・日曜、祝日	78
	上徳寺 「世継地蔵尊功徳日大祭」	㊟京都府京都市下京区本塩竈町556 ㊫075-351-4360 ㊴毎年2月8日 ※「世継地蔵尊功徳日大祭」にて粕汁の接待あり	96
	すいば 四条河原町店	㊟京都府京都市中京区中之町569-2 ㊫075-212-7701 ㊴12:00～23:00 ㊡無休	46
	立ち呑み あてや	㊟京都府京都市上京区般舟院前町125-2 ㊫連絡はInstagram（@tachinomiateya）のメッセージにて ㊴17:00～24:00 ㊡月曜（臨時休業あり）	16
	玉乃光酒造	㊟京都府京都市伏見区東堺町545-2 ㊫075-611-5000 ㊴9:00～16:00 ㊡土・日曜、祝日	72
	月の蔵人	㊟京都府京都市伏見区上油掛町185-1 ㊫075-623-4630 ㊴11:00～15:00、17:00～22:00（土日祝の夜は16:00～） ㊡12月31日、1月1日	75

地域	店名	住所／電話番号／営業時間／定休日／備考	掲載頁
京都	生そば 常盤	(住)京都府京都市中京区寺町三条上ル東側 (電)075-231-4517 (営)11:00〜16:00 (休)水曜	43
	のら酒房	(住)京都府京都市左京区田中門前町28-20 (電)075-703-3636 (営)18:00〜24:00 (休)木曜	46
	はとや食堂	(住)京都市左京区聖護院山王町43-1 (電)075-771-5595 (営)6:00〜18:00 (休)土曜	142
	報恩寺「除夜の鐘」	(住)京都府京都市上京区小川通寺之内下ル射場町579 (電)075-414-1550 (営)毎年12月31日〜1月1日 ※「除夜の鐘」にて粕汁の接待あり（なくなり次第終了）	102
	法界寺「裸踊り」	(住)京都府京都市伏見区日野西大道町19 (電)075-571-0024 (営)毎年1月14日 ※「裸踊り」にて粕汁の接待あり	99
	本久寺「初詣（除夜の鐘）」	(住)京都府京都市上京区上立売通千本東入姥ヶ西町590-1 (電)075-441-4207 (営)毎年12月31日〜1月1日 ※「初詣（除夜の鐘）」にて粕汁の接待あり（接待がない場合もあり）	102
	柳小路TAKA	(住)京都府京都市中京区中之町577 柳小路 はちべえ長屋 (電)075-708-5791 (営)13:00〜22:30 (休)火曜	46
	山本本家	(住)京都府京都市伏見区上油掛町36-1 (電)075-611-0211 (営)8:30〜17:00 (休)土・日曜、祝日	75
	遊亀 祇園店	(住)京都府京都市東山区富永町111-1 (電)075-525-2666 (営)16:00〜21:30（土曜は15:00〜22:00） (休)日曜、祝日	46
大阪	あづま食堂	(住)大阪府大阪市浪速区恵美須東2-5-7 (電)06-6631-4248 (営)9:30〜14:30 (休)水・第4火曜、毎月10日	48

地域	店名	住所／電話番号／営業時間／定休日／備考	掲載頁
大阪	立呑み処 七津屋 大阪駅前第4ビル店	㊟大阪府大阪市北区梅田1-11-4 B-100号 大阪駅前第4ビルB1 28号 ㊂050-5494-9145 ㊄10:00〜22:30（土曜は〜22:00、日曜は〜21:00） ㊡年末年始	40
	丸進	㊟大阪府大阪市都島区東野田町3-2-19 ㊂06-6351-2154 ㊄11:00〜20:00（土日祝は〜17:00） ㊡火・水曜	22
	よあけ食堂	㊟大阪府大阪市東成区東小橋3-17-23 ㊂06-6972-0992 ㊄8:30〜17:00 ㊡水曜（臨時休業あり）	46
兵庫	いかりスーパーマーケット	㊟兵庫県尼崎市塚口町1-15-8（塚口店） ㊂06-6421-6074（塚口店） ㊄9:30〜21:00（塚口店）※ほか、各店舗により異なる ㊡無休	141
	井神鮮魚店	㊟兵庫県神戸市灘区篠原南町6-2-8 ㊂078-871-9570 ㊄10:00〜18:30 ㊡水・第3火曜	53
	甲南漬本店	㊟兵庫県神戸市東灘区御影塚町4-4-7 ㊂078-841-1821 ㊄9:30〜18:30 ㊡1月1日、2日	38
	コスモス食品	㊟兵庫県三田市下内神655（本社） ㊂079-567-1141 ㊄9:00〜17:00 ㊡土・日曜、祝日（詳しくはオンラインショップ営業カレンダーにて）	141
	ごはん屋 たこ八食堂	㊟兵庫県神戸市兵庫区東山町3-1-3 ㊂078-531-3114 ㊄6:00〜15:00 ㊡日曜	52
	白雪食品 長寿蔵売店	㊟兵庫県伊丹市中央3-4-15 ㊂072-775-3571（事務所） ㊄10:30〜18:00 ㊡第2・3火曜	141
	粗酒粗餐 田なべ	㊟兵庫県神戸市中央区中山手通1-8-22 ニュー神和ビル5F ㊂078-391-2303 ㊄17:00〜23:00 ㊡月・日曜、祝日	46

地域	店名	住所／電話番号／営業時間／定休日／備考	掲載頁
兵庫	出汁さんろくぼう	㊟兵庫県神戸市東灘区本山南町5-4-58 ㊫078-412-8487 ㊰11:00～14:00、18:00～22:00 ㊡日曜、祝日の月曜	50
	灘五郷の蔵開き	㊟西宮市・神戸市 ㊫0798-31-7821（西宮日本酒振興連絡会事務局／一般社団法人にしのみや観光協会内） ㊰毎年2月～3月頃開催	56
	へべれ家	㊟兵庫県神戸市灘区友田町4-1-28 ㊫078-771-6407 ㊰16:00～23:00（土曜は13:00～20:00） ㊡日曜、祝日	40
	与太呂	㊟兵庫県姫路市駅前町305 ㊫079-222-8119 ㊰12:30～21:00 ㊡日曜	29
奈良	正暦寺「菩提酛清酒祭」	㊟奈良県奈良市菩提山町157 ㊫0742-62-9569 ㊰毎年1月（詳細日時はHP等でご確認ください） ※「菩提酛清酒祭」にて粕汁の接待あり（有料）	88
	ホテル日航奈良	㊟奈良県奈良市三条本町8-1 ㊫0742-35-8831 ㊰7:00～9:30（朝食バイキング）※宿泊者以外でも利用可 ㊡無休	140
	まついし	㊟奈良県奈良市大宮町1-1-4 ㊫0742-22-4778 ㊰15:00～22:30 ㊡第2・4・5土曜、日曜	34
滋賀	平和堂	㊟滋賀県彦根市西今町1（本社） ㊫0120-668-852（お客様サービス室） ㊰各店舗により異なる ㊡各店舗により異なる	141
	酔in	㊟滋賀県大津市晴嵐1-8-3 ㊫077-533-5590 ㊰18:00～24:00 ㊡不定休	40
北海道	割烹 金大亭	㊟北海道石狩市新町1 ㊫0133-62-3011 ㊰11:00～18:00 ㊡不定休	135

地域	店名	住所／電話番号／営業時間／定休日／備考	掲載頁
山形	久村の酒場	㊟山形県酒田市寿町1-41 ㊫0234-24-0356 ㊖17:30～21:00 ㊡月・日曜(臨時休業あり)	117
	依田善	㊟山形県東田川郡庄内町余目猿田41-16 ㊫0234-42-3335 ㊖11:00～14:00、17:00～21:00 ㊡火曜	120
宮城	あじ蔵	㊟宮城県気仙沼市田中前1-3-6 ㊫0226-23-3996 ㊖17:00～22:00 ㊡日曜	126
新潟	アイリスオーヤマ株式会社 魚沼工場	㊟新潟県魚沼市井口新田764 ㊫025-792-0884(アイリスフーズ株式会社 魚沼工場) ㊖8:30～17:30 ㊡土・日曜(ゴールデンウィーク、お盆、年末年始)	141
東京	北海道料理 三平	㊟東京都豊島区南大塚2-42-3 サニーヒルズ南大塚1F ㊫03-3946-6237 ㊖17:00～23:30 ㊡日曜	135
石川	灯りの宿 まつだ荘	㊟石川県珠洲市飯田町26-42-1 ㊫0768-82-1117 ㊖チェックイン16:00～22:00、チェックアウト～10:00 ㊡不定休	112
	お食事処 むろや	㊟石川県珠洲市蛸島町ナ部123 ㊫0768-82-1188 ㊖11:30～14:00、17:00～21:30 ㊡不定休	113
香川	フォレスト酒蔵 MORIKUNIギャラリー	㊟香川県小豆郡小豆島町馬木甲1010-1 ㊫0879-61-2077 ㊖11:00～17:00(ギャラリー・ショップ、ベーカリーは9:00～) ㊡木曜(ベーカリーは火・水・木曜)	140

おわりに

子どもの頃、粕汁が家の食卓にあがるのは、たいてい底冷えする冬の晩。台所から酒粕の香りが漂ってくると、もう、それだけで幸せいっぱい。弟と喧嘩をしていても、心は冬晴れを拝むかのようにウキウキしたものだった。

焼いた酒粕も、弟とおとんと、よく取り合って食べていた。トースターで焼いてほどよく焦げ目が付き、もともと少なかった水分がさらに飛んでパリパリになった板粕は、最高の冬のおやつだ。ひとり暮らしをはじめた時、焼いた板粕を独り占めして食べられる感動ったらなかった。

我が家で粕汁や焼いた酒粕をよく食べたのは、京都で小さな印刷会社をやっていた母方のおじいちゃんが、仲よくしている蔵元だか酒屋だかからダンボールでごっそりもらっていたので、我が家にもその一部が同じく段ボール入りでたんまりやってきたから。

今でも、冬に帰省すると、おかんが粕汁を

作ってくれる。私にとって、どんな高級料理とも比べ物にならない、何よりのご馳走。もちろん、自分でもせっせと作る。冬は三食粕汁という日も少なくない。

関西では、寒い冬の夕方に住宅街を歩くと、どこからともなく粕汁の良い香りが漂ってくるコトもある。カレーの香りが漂ってくるソレと似ている。他人の家の晩ごはんなのに、なぜか、コチラまで幸せな気分になってしまう。まるで、粕汁の魔法。

けれど、平成以降生まれの世代では、家で粕汁を食べる機会が減ったコトもあり、京阪神でも粕汁を食べる人が、悲しいかな減ってきている。

平成に入ってから、田舎でも核家族化が進み、年配者の食生活に触れる機会が減ったコト。また、味覚は三歳までに決まるというが、その期間に濃い味のモノを口にするようになったコト。そして、商店街ではなくスーパーで買い物をするようになり、一般家庭と酒屋の直接的なやり取りが減り、酒屋から酒粕をもらう機会がなくなったコトもある。

粕汁を愛して止まない私としては、粕汁の将来がことさら心配だ。

ほっかほかの粕汁を口にしながら、「寒い日は粕汁にかぎるな〜」と、身体の芯まで粕汁で温めつつ、私は言っていたい。

おばあちゃんになっても、ずっと。

松鳥 むう

御礼

『獺祭〜天翔ける日本の酒』を作った縁で、旭酒造から大量に購入した酒粕で粕汁を作る西日本出版社の内山社長（奈良県出身）、
香川県でも粕汁を食べるという編集の小西さん（香川県出身）、
〝粕汁は、おばあちゃんの味〟という編集の兼久さん（大阪府出身）、
京阪神に住んでから粕汁を知ったデザイナーの中島さん（福岡県出身）、
粕汁と白飯があれば最高だというカメラマンの舟田さん（京都府出身）、
今回の本で初めて粕汁を知った印刷会社光邦の久米さん（静岡県出身）、
そして、私に粕汁がある店を教えてくださった方々、
この本に関わってくださったすべての方々……
ほんまに ありがとうございます♪
これからも
NO KASUJIRU NO LIFE で♡

表紙撮影協力

・立ち呑み あてや
・京都ゲストハウス木音

SpecialThanks（敬称略／あいうえお順）

・小笠原彩伽
・北口将史（なまらや漫画部部長）
・京谷奈緒美（りそら整体院）
・工藤美絵（古民家ゲストハウス汐見の家）
・熊瀬伸二
・熊瀬ゆかり
・酒依正輝（洋食台処なまらや）
・Sun mi
・酔楽まる太別海店
・高橋瑞季（Yamairo guesthouse）
・武村けさ子
・武村家
・冨田泰伸（冨田酒造）
・中田澄子
・中田忠夫
・中村晴夫（Yamairo guesthouse）
・原田正樹（おたるないバックパッカーズホステル杜の樹）
・ペンションポーチ
・松本典子（よはくや）
・宮澤英子（洋食台処なまらや）
・山口家
・和田泰典
・各地の図書館

転載

p.144~145、p.146 の一部
『あちこち島ごはん』（松鳥むう・著／芳文社・刊）より転載

松鳥 むう（まつとり むう）

1977年生まれ。滋賀県出身。離島、ゲストハウス、粕汁、郷土ごはん、滋賀を中心とした民俗行事をめぐるコトがライフワーク。その土地の人の日常にちょこっと混ぜてもらう旅が好き。物心がついた時から、粕汁と焼き板粕が一番好きな食べ物。NO KASUJIRU NO LIFE！

著書に『むう風土記』（A&F）、『トカラ列島秘境さんぽ』（西日本出版社）、『おばあちゃんとわたし』（方文社）、『あちこち島ごはん』（芳文社）、『日本てくてくゲストハウスめぐり』（ダイヤモンド社）、『島旅ひとりっぷ』（小学館）等がある。

https://lit.link/muumatutori

松鳥むうの粕汁探訪記 Instagram
『粕汁あります』（@kasujiru_muu） ▶

粕汁の本 はじめました

2023年12月2日　初版第1刷発行

著者（絵・文）　松鳥 むう
発行者　内山 正之
発行所　株式会社 西日本出版社
〒564-0044　大阪府吹田市南金田1-8-25-402
営業・受注センター
〒564-0044　大阪府吹田市南金田1-11-11-202
TEL 06-6338-3078　FAX 06-6310-7057
ホームページ　http://www.jimotonohon.com/
郵便振替口座 00980-4-181121

編　集　小西智都子
　　　　兼久ゆかり
装　幀　文図案室
撮　影　舟田サトシ（STUDIOSAT）
印刷・製本　株式会社 光邦

ISBN978-4-908443-77-0
定価はカバーに表示してあります。
乱丁落丁は、お買い求めの書店名を明記の上、小社受注センター宛にお送り下さい。
送料小社負担でお取り替えさせていただきます。

こぼれ話

飛騨高山の人は
生の酒粕に
たまり砂糖醤油をつけて
食べるのよー
岐阜県高山市在住
石川県珠洲市で
会った おばあちゃんも
醤油で食べてた！
70代（2023年現在）の伏見の人は
みそ等の味付けは 一切しない人も
多いとか…!!
私も 味付けなしで
作る時も あるでー♪
伏見まるごと博物館
粕汁プロジェクト